Bernd M. Schlue, Jahrgang 1944, ist vor vielen Jahren aus der evangelisch-lutherischen Kirche als Karteileiche ausgetreten. Der bekennende Agnostiker hält die Bibel für ein interessantes Buch, in dem man studieren kann, was Religion in manchen Köpfen angerichtet hat. Hier legt er die Ergebnisse seiner Bibelstudien vor, die er in dem Satz zusammenfasst: „In ihrem Kern ist die Bibel das Dokument einer durch und durch verbrecherischen Herrschaftsideologie." Und diese provokante Aussage soll nach der Auffassung des Autors auch dann gelten, wenn man von den Wertvorstellungen ausgeht, die in den biblischen Schriften selbst über einen längeren Zeitraum entwickelt worden sind.

Bernd M. Schlue

Moses Holocaust

Was man auch über
die Bibel wissen sollte.

Bibliografische Information der Deutschen Nationalbibliothek:
Die Deutsche Nationalbibliothek verzeichnet diese Publikation
in der Deutschen Nationalbibliografie; detaillierte
bibliografische Daten sind im Internet über
http://dnb.de abrufbar.

Copyright © 2015 Bernd M. Schlue
Alle Rechte vorbehalten.
Umschlaggestaltung ges. gesch.

Herstellung und Verlag:
BoD – Books on Demand
Norderstedt

ISBN 978-3-7347-7634-2

Für

Stefanie,

Jennifer,

Julia

und

Oliver,

die in ihrem Ethikunterricht auch etwas über die Bibel gehört haben, aber nicht das, was in diesem Buch steht.

Inhalt

Einleitung   9

1. Kapitel   13
   Eine Gabe für den HERRN

2. Kapitel   35
   Vom brüderlichen Umgang

3. Kapitel   41
   Vom Garten Eden bis zum Nildelta – eine kurze Geschichte über Wege und Umwege

4. Kapitel   67
   Auch ein Allwissender kann sich mal irren.

5. Kapitel   89
   Das Rätsel Bibel – wie Theologen es zu lösen versuchten.

6. Kapitel   105
   Von den Segnungen der Völker

7. Kapitel 133
*Durch Völkermord zur
Gerechtigkeit*

8. Kapitel 167
*Die Bibel, ein Dokument
- aber wovon?*

Einleitung

Byblos war der Name einer Siedlung am Mittelmeer, die zwischen den heutigen Städten Tripoli und Beirut gegründet wurde. Der Ort erlangte schon vor sechstausend Jahren eine überregionale Bedeutung und wurde in der Antike als Umschlagplatz für Papyrus berühmt.

Dieses Schreibmaterial nannten die Griechen byblos nach der Stadt, aus der das Produkt kam. Und auf diese Bezeichnung gehen die griechischen Wörter biblion und biblos für Buch zurück. Aus dem Wort biblia, der Pluralform von biblion, entstand der Titel eines Buches von Büchern, nämlich einer Schriftensammlung, die den Namen „Die Bibel" bekam.

Die Bibel der christlichen Religionsgemeinschaften besteht aus zwei Teilen, dem Neuen und dem Alten Testament. Letzteres, um das es allein im Folgenden geht, wird auch Hebräische Bibel genannt. Das Alte Testament umfasst in den evangelischen Ausgaben 39 Schriftstücke, die allgemein als Bücher bezeichnet werden. Das kürzeste „Buch", das „Buch" des Propheten Obadja, besteht gerade einmal aus einer Seite, das längste, der Psalter mit 150 Psalmen - eine Sammlung von mehr oder weniger frommen Sprüchen - weist 71 Seiten auf. Das gesamte Alte Testament hat in der Ausgabe nach Martin Luther von 1984 einen Umfang von 906 Buchseiten.

Die vielfach übliche Benennung der ersten Gruppe der Bücher als Geschichtsbücher ist irreführend. Diese enthalten zwar Darstellungen von chronologischen Abläufen. Es lässt sich jedoch - mit Ausnahme von Teilen der beiden Bücher der Könige und der beiden Bücher der Chronik - nicht feststellen, ob und wann sich das in den Erzählungen Dargestellte tatsächlich ereignet hat.

Über Zeit und Umstände der Entstehung der einzelnen Bücher gibt es bei alttestamentlichen Theologen eine große Zahl unterschiedlicher Meinungen und Theorien.

Der Inhalt der Hebräischen Bibel ("Das Alte Testament")

Die sogenannten Geschichtsbücher

Das erste Buch Mose (Genesis)
Das zweite Buch Mose (Exodus)
Das dritte Buch Mose (Levitikus)
Das vierte Buch Mose (Numeri)
Das fünfte Buch Mose (Deuteronomium)
Das Buch Josua
Das Buch der Richter
Das Buch Rut
Das erste Buch Samuel
Das zweite Buch Samuel
Das erste Buch der Könige
Das zweite Buch der Könige
Das erste Buch der Chronik
Das zweite Buch der Chronik
Das Buch Esra
Das Buch Nehemia
Das Buch Ester

Die Lehrbücher und Psalmen

Das Buch Hiob
Der Psalter

Die Sprüche Salomos
Der Prediger Salomo
Das Hohelied Salomos

Die Prophetenbücher

Der Prophet Jesaja
Der Prophet Jeremia
Die Klagelieder Jeremias
Der Prophet Hesekiel
Der Prophet Daniel
Der Prophet Hosea
Der Prophet Joel
Der Prophet Amos
Der Prophet Obadja
Der Prophet Jona
Der Prophet Micha
Der Prophet Nahum
Der Prophet Habakuk
Der Prophet Zefanja
Der Prophet Haggai
Der Prophet Sacharja
Der Prophet Maleachi

In der Hebräischen Bibel sind die beiden Bücher Samuel und die beiden Bücher der Könige und der Chronik sowie die Bücher Esra und Nehemia und die Bücher der letzten zwölf Propheten zu jeweils einem Buch zusammengefasst, sodass die Hebräische Bibel in 24 Bücher gegliedert ist.

> Opfert, was recht ist und
> hoffet auf den HERRN.
> Psalm 4,6

1. Kapitel

Die Bibel ist voller Geschichten über wackere Männer, die auch in schwierigsten Situationen ihre Gottesfurcht unter Beweis gestellt haben. Eine dieser Erzählungen steht im Buch der Richter. Richter waren eine Art Gouverneure, die auch die oberste Rechtsprechung ausübten und zugleich als höchste religiöse Instanz galten.

Nachdem sie den größten Teil des Gelobten Landes erobert hatten, nahmen zwölf Stämme des Volkes Israel die ihnen zugedachten Ländereien in Besitz. Es gab noch einen dreizehnten Stamm, die Leviten, die Nachfahren des Stammvaters Levi, aber die bekamen kein eigenes Territorium, sondern nur eroberte Städte, und zwar anteilig in allen zwölf neuen Stammesgebieten. Der Grund war, dass der HERR mit den Leviten etwas Besonderes vor hatte.

Der oberste Levit war Mose. Er war vom HERRN im Himmel als Anführer des auserwählten Volkes auserkoren worden. Moses Bruder Aaron wurde vom HERRN zum obersten Priester ernannt und Aarons Nachfahren wurden durch Geburt zum Priesteramt bestimmt, während die übrigen Leviten erwählt worden waren zum Dienst an der sogenannten Stiftshütte, dem mobilen Zeltheiligtum, das die Israeliten auf ihrem Zug ins Gelobte Land mit sich führten.

> (20) Und der HERR sprach zu Aaron: Du sollst in ihrem Lande nichts besitzen, auch kein Teil unter ihnen haben, denn ich bin dein Teil und dein Erbgut unter den Kindern Israel (gemeint ist: unter den Angehörigen des Volkes Israel - der Verf.).
> (21) Den Kindern Levi aber (gemeint ist: den Nachfahren von Levi - der Verf.) habe ich alle Zehnten gegeben in Israel zum Erbgut für ihr Amt, das sie mir tun an der Hütte des Stifts.
> (22) Daß hinfort die Kinder Israel nicht zur Hütte des Stifts sich tun, Sünde auf sich laden und sterben;
> (23) sondern die Leviten sollen des Amts pflegen an der Hütte des Stifts, und sie sollen jener Missetat tragen zu ewigem Recht bei euren Nachkommen.   4. Mose 18

Wie sich bald herausstellen sollte, war diese Ewigkeit nur von kurzer Dauer.

Irgendwann - manche Bibelforscher meinen, dass das im dritten Viertel des zweiten vorchristlichen Jahrtausends gewesen sei - waren alle die Pioniere gestorben, die die Eroberungskriege des Anführers Mose und dessen Nachfolger Josua sowie schließlich den Einzug in das Gelobte Land noch miterlebt hatten. Sie waren - in den Worten der Bibel - „zu ihren Vätern versammelt". Und dann

> (10) . . . kam nach ihnen ein anderes Geschlecht auf, das den HERRN nicht kannte noch seine Werke, die er an Israel getan hatte.
> Richter 2

Woher auch immer diese geheimnisvollen Unbekannten gekommen sein mögen, in der oft so detailversessenen Bibel werden sie sonst nirgendwo erwähnt. Jedenfalls musste der Allwissende seine Idee revidieren, das von ihm erwählte Volk der Israeliten durch das zu vererbende Priestertum der Leviten auf den rechten, den gottergebenden Weg zu leiten. Und so kam der Allmächtige auf seinen Plan B.

Statt des Erbpriestertums, wie es der HERR ursprünglich in seiner „ewigen Ordnung" vorgesehen hatte, wollte er nun ein ganz andersartiges

Konzept der politischen, rechtlichen und religiösen Führung ausprobieren.

Bei den Eroberungszügen des Mose-Nachfolgers Josua, wie sie in dem gleichnamigen Bibelbuch beschrieben sind und in den Kämpfen, die im Richter-Buch geschildert werden, vermochten die Israeliten nicht alle ursprünglichen Bewohner des Gelobten Landes zu vertreiben. In vielen Gebieten konnten sich Teile der Ur-Bevölkerung halten.

> (4) Dieselben blieben, Israel durch sie zu versuchen, daß es kund würde, ob sie den Geboten des HERRN gehorchten, die er ihren Vätern geboten hatte durch Mose.
> (5) Da nun die Kinder Israel also wohnten unter den Kanaanitern, Hethitern, Amoritern, Pheresitern, Hevitern und Jebusitern,
> (6) nahmen sie jener Töchter zu Weibern und gaben ihre Töchter jener Söhne und dienten jener Göttern.
> (7) Und die Kinder Israel taten übel vor dem HERRN und vergaßen des HERRN, ihres Gottes und dienten den Baalim und Ascheroth.

(8) Da ergrimmte der Zorn des HERRN über Israel, und er verkaufte sie unter die Hand Kusan-Risathaims, des Königs von Mesopotamien, und dienten also die Kinder Israel dem Kusan-Risathaim acht Jahre.

(9) Da schrien die Kinder Israel zu dem HERRN, und der HERR erweckte ihnen einen Heiland, der sie erlöste: Othniel, den Sohn Kenas, Kalebs jüngsten Bruder.

(10) Und der Geist des HERRN kam auf ihn, und er ward Richter in Israel und zog aus zum Streit. Und der HERR gab den König von Mesopotamien, Kusan-Risathaim, in seine Hand, daß seine Hand über ihn zu stark ward.

(11) Da ward das Land still vierzig Jahre. Und Othniel, der Sohn des Kenas, starb.

Richter 3

Diesem Ablauf ähnlich erzählt die Bibel die Geschichte einer Reihe von Richtern. Teile des Volkes Israel fallen vom HERRN ab und fangen an, den Göttern der Nachbarvölker zu dienen – das macht den HERRN zornig - er bestraft sein Volk, indem er dessen Gegner stärkt, sodass diese Israel unterdrücken können - das untreue Gottesvolk schreit in seiner Not zum Himmel auf - der HERR bekommt Mitleid und „erweckt" einen Richter als Retter - der errettet das Volk vor seinen Feinden und es herrscht eine Weile Ruhe, bis alles wieder von vorne losgeht.

*

Jeftah - in anderer Schreibweise auch Jephtah oder auch Jiftach - war laut Bibel ein streitbarer Mann aus Gilead. Gilead war das Siedlungsgebiet des Geschlechts der Gileaditer. Der Name rührt von Gilead her, einem der Enkel des Manasse, welcher wiederum einer der dreizehn Stammväter des Volkes Israel war.

Weil Jeftah von einer Hure abstammte, wurde er von seinen ehelich geborenen Halbbrüdern verstoßen. Nach der Flucht vor seiner Familie

(3) . . . sammelten sich zu ihm lose Leute und zogen aus mit ihm.
Richter 11

Offenbar machte er sich im Kampf gegen Israels Feinde als Häuptling von Freischärlern einen Namen. Denn nachdem die Ammoniter gegen die israelitischen Eindringlinge zu kämpfen begannen, meldeten sich die Ältesten des Volkes von Gilead bei ihm und boten ihm an, Anführer zu werden. Jeftah ließ sich bald überzeugen.

> (11) Also ging Jeftah mit den Ältesten von Gilead; und das Volk setzte ihn zum Haupt und Obersten über sich. Und Jeftah redete solches alles vor dem HERRN in Mizpa.
> Richter 11

Verhandlungsangebote, die Jeftahs Boten überbrachten, wies der König der Ammoniter zurück.

> (29) Da kam der Geist des HERRN auf Jeftah, und er zog durch Gilead und Manasse und durch Mizpe, das in Gilead liegt, und von Mizpe, das in Gilead liegt, auf die Kinder Ammon (gemeint ist: gegen die Ammoniter - der Verf.).
> Richter 11

Was der Geist des HERRN nun eigentlich bewirkt haben soll, verrät uns die Bibel nicht.

Denn dass Jeftah gegen die Ammoniter ziehen sollte, war ja längst mit den Ältesten von Gilead vereinbart worden. Geist hin, Älteste her - irgendwie muss Jeftah sich seiner Sache nicht ganz sicher gewesen sein, denn er entschloss sich, ein Gelübde abzulegen.

> (30) Und Jeftah gelobte dem HERRN ein Gelübde und sprach: Gibst du die Kinder Ammon in meine Hand: (dann soll,)
> (31) was zu meiner Haustür heraus mir entgegengeht, wenn ich mit Frieden wiederkomme von den Kindern Ammon, das soll des HERRN sein, und ich will's zum Brandopfer opfern.
> Richter 11

Das muss beim Allerhöchsten allerhöchsten Eindruck gemacht haben. Für ein solches Opferangebot musste sich der HERR im Himmel erkenntlich zeigen. Gegen Jeftah und den Allmächtigen auf dessen Seite hatten die Ammoniter auch nicht die geringste Chance. Gleich zwanzig ihrer Städte besiegte der Heerführer Jeftah der Reihe nach. Und so, schreibt die Bibel, wurden die Ammoniter „gedemütigt vor den Kindern Israel". - Dem HERRN sei's gelobt und gedankt, möchte der erbaute Leser da hinzufügen.

Als Jeftah nun gesund und froh zu seinem Anwesen zurückkehrte, ging die Haustür auf und

> (34) ... siehe, da geht seine Tochter heraus ihm entgegen mit Pauken und Reigen; und sie war sein einziges Kind, und er hatte sonst keinen Sohn noch Tochter.
> Richter 11

Nach dem ersten Schreck muss Jeftah seine Worte bald wiedergefunden haben. Die klingen allerdings etwas merkwürdig:

> (35) Ach, meine Tochter, wie beugst du mich und betrübst du mich.
> Richter 11

Wie nun das? Hatte das Mädchen irgendetwas angestellt, was Jeftah hätte Kummer bereiten können? Es hat sich gefreut, dass der Vater wieder nach Hause kommt, und ihn, wie die Bibel schreibt, „mit Pauken und Reigen" empfangen.

Die Tochter, die in der Bibel namenlos bleibt und deren Mutter nirgendwo Erwähnung findet, war sicher ein wohlerzogenes Kind. Und was die Gottesfurcht anging, muss sie ihren Vater noch übertroffen haben. Keine Regung, kein Wehklagen, keine Anzeichen von Verzweiflung erfährt der Leser. Ganz gefasst sagt sie:

> (36) Mein Vater, hast du deinen Mund aufgetan gegen den HERRN, so tue mit mir, wie es aus deinem Mund gegangen ist.
> Richter 11

Nur noch einen Wunsch hatte das arme Mädchen. Noch zwei Monate leben zu dürfen, erbat es sich,

> (37) ... daß ich von hinnen hinabgehe auf die Berge und meine Jungfrauschaft beweine mit meinen Gespielen.
> Richter 11

Der Vater willigte ein, und nach zwei Monaten kam die gehorsame Tochter tatsächlich von ihren „Gespielen" - der Autor hat wahrscheinlich Gespielinnen gemeint - zurück. Da trat der gottesfürchtige Jeftah in Aktion.

> (39) Und er tat ihr, wie er gelobt hatte; und sie war nie eines Mannes schuldig geworden.
> Richter 11

**

Die biblische Geschichte vom braven Richter Jeftah und seiner tapferen Tochter hat schon so manchen Theologen beeindruckt.

> Und nun tut Jeftah das Gelübde, das ihm den Sieg verbürgen soll; es wird ihm den Sieg vergällen und verderben. Ein Opfer von ungeheurem Wert will er Gott geben. Jeftah erlangt einen gewaltigen Sieg. Er muss auch ein gewaltiges Opfer bringen, sein einziges Kind. Die Tochter geht ihrem siegreichen Vater zur Begrüßung entgegen; sie ist der erste Mensch, der bei seiner Heimkehr aus der Tür tritt. Vers 35 (des 11. Kapitels im Richter-Buch - der Verf.) schildert, was dieses Opfer den Vater kostet. Aber die Tochter gibt sich willig in das Unvermeintliche. Die gelungene Rache am Feind, die Sache des Volkes und seine Rettung (V. 36) gilt ihr höher als das Leben. So wird das Opfer gebracht, das Gelübde gehalten. Ganz schlicht wird das berichtet, kein Urteil wird gefällt, kein Lob der Aufrichtigkeit des Vaters, der Tapferkeit

der Tochter gezollt, kein Tadel ausgesprochen. Es ist deshalb durchaus überflüssig, daß wir dieses Stück der Jeftahgeschichte mit moralischen Bewertungen lesen, daß wir etwa wegen des Menschenopfers von religiösem Tiefstand reden. Der Erzähler läßt nicht erkennen, daß es ein übereiltes und verkehrtes Gelübde gewesen sei.

> Die Botschaft des Alten Testaments. Zehnter Band. Das Buch vom Lande Gottes. Josua und Richter. Für Freunde und Verächter der Bibel ausgelegt von Karl Gutbrod, Stuttgart 1951, S. 241 f.

Da ist es am geneigten Leser, erst einmal innezuhalten und nach vielleicht mehrmaligem Schlucken einmal kräftig tief Luft zu holen - und sich zu vergegenwärtigen, dass der Geist des HERRN nicht nur zu Jeftahs Zeiten gewirkt hat, sondern womöglich auch noch in der zweiten Hälfte des zwanzigsten Jahrhunderts, wenn auch nicht in jeden Kopf hinein, was auch der folgenden theologischen Stimme zu entnehmen ist.

> Die Erzählung ist übrigens von besonderer Schönheit, ja Zartheit. Vater und Tochter erscheinen als

tragische Gestalten, und verstehend und mitempfindend folgt der Hörer der Schilderung. Im Zusammenhang des Ganzen zeigt die Episode das Ausmaß der Not, aber auch den Ernst des erwählten Führers, der, wo er nun einmal den Mund zu Jahwe (Name für Gott – der Verf.) aufgetan hat, zu seinem Wort steht, auch gegen sein eigenes Herz ...
Jedenfalls gehört Jeftah in j e d e r Hinsicht zu den „Richtern"; er ist ein Richter - „wie er im Buch steht."

<blockquote>
Das Alte Testament Deutsch. Neues Göttinger Bibelwerk, hrsg. von Volkmar Hertrich und Artur Weiser. Teilband 9.
Die Bücher Josua, Richter, Rut, übersetzt und erklärt von Hans Wilhelm Hertzberg, Göttingen 1953, S. 217
</blockquote>

* * *

Eine Tochter als Brandopfer darzubringen, war nicht so einfach, wie sich das vielleicht der ein oder andere Leser vorstellen würde. Denn mit dem Gestank von verbranntem Fleisch war beim HERRN über Himmel und Erde nicht viel auszurichten.

Nachdem das Gottesvolk - so erzählt es jedenfalls die Bibel - aus ägyptischer Fron befreit worden war und nach der Flucht vor den Unterdrückern durch die Wüste zog, wurde der Anführer Mose vom Allerhöchsten auf den Berg Sinai zitiert. Dort bekam er nicht nur die berühmten Zehn Gebote präsentiert, sondern auch ein umfangreiches Gesetzeswerk, in dem alle Fragen des religiösen und des alltäglichen Lebens bis in viele Einzelheiten hinein geregelt worden waren. Darunter waren auch umfangreiche Vorschriften über das Opfern.

Während der Wüstenwanderung - lange vierzig Jahre soll die gedauert haben - hatte das Opfern durch den obersten Priester, den Mose-Bruder Aaron und dessen Nachkommen zu geschehen - und zwar vor der Stiftshütte, dem bereits erwähnten Zeltheiligtum.

Und nach der Eroberung des Gelobten Landes

> (1) ... versammelte sich die ganze Gemeinde der Kinder Israel gen Silo und richtete daselbst auf die Hütte des Stifts, und das Land war ihnen unterworfen.
> Josua 18

Silo lag zwischen dem Jordan und der Mittelmeerküste, fast gleich weit entfernt von Dan, dem nördlichsten Stammesgebiet und von dem Land des südlichsten Stammes Simeon. Vor der Stiftshütte war ständig Hochbetrieb. Das Feuer auf dem Opferaltar durfte niemals ausgehen.

> (1) Und der HERR redete mit Mose und sprach:
> (2) Gebiete Aaron und seinen Söhnen und sprich: Dies ist das Gesetz des Brandopfers. Das Brandopfer soll brennen auf dem Herd des Altars die ganze Nacht bis an den Morgen, und es soll des Altars Feuer brennend darauf erhalten werden.
> . . .
> (5) Das Feuer auf dem Altar soll brennen und nimmer verlöschen; der Priester soll alle Morgen Holz darauf anzünden und oben darauf das Brandopfer zurichten und das Fett der Dankopfer darauf anzünden.
> (6) Ewig soll das Feuer auf dem Altar brennen und nimmer verlöschen.
>
> 3. Mose 6

Wenn das Wort des Allmächtigen gilt, dann müsste das Feuer auf dem Altar vor der Stiftshütte heute noch brennen. - Jedenfalls war jeden Morgen ein Morgenopfer fällig und jeden Abend ein Abendopfer - und zwar jeweils in Form eines hingemetzelten Lamms. Dazu war jede Erstgeburt dem HERRN als Dankopfer darzubringen.

> (11) Wenn dich nun der HERR ins Land der Kanaaniter (d. h. ins Gelobte Land - der Verf.) gebracht hat, wie er dir und deinen Vätern geschworen hat, und dir's gegeben hat,
> (12) so sollst du aussondern dem HERRN alles, was die Mutter bricht, und alle Erstgeburt unter dem Vieh, was ein Männlein ist.
> (13) Die Erstgeburt vom Esel sollst du auslösen mit einem Schaf; wo du es nicht lösest, so brich ihm das Genick. Aber alle erste Menschengeburt unter deinen Söhnen sollst du lösen.
> (14) Und wenn dich heute oder morgen dein Kind wird fragen: Was ist das? sollst du ihm sagen: Der HERR hat uns mit mächtiger Hand aus

Ägypten, aus der Knechtschaft, geführt.

(15) Denn da der Pharao hart war uns loszulassen, erschlug der HERR alle Erstgeburt in Ägyptenland, von der Menschen Erstgeburt an bis an die Erstgeburt des Viehs. Darum opfere ich dem HERRN alles, was die Mutter bricht, was ein Männlein ist, und die Erstgeburt meiner Söhne löse ich aus.

2. Mose 13

Morgenopfer, Abendopfer, Opferung der Erstgeburten und Opferung der Auslösungen, das war noch längst nicht alles. Dazu kamen Sündopfer, außerdem noch Speisopfer und Trankopfer. Ganze Völkerscharen müssen sich da aus den einzelnen Stammesgebieten zur Stiftshütte in Silo bewegt haben und wieder zurück, um den Opfergesetzen Folge zu leisten. - Hatte zum Beispiel jemand einen anderen fluchen hören, ohne dies anzuzeigen, so waren ein Schaf oder eine Ziege zu opfern. Hatte ein Stammesfürst aus Versehen gegen Gebote des HERRN verstoßen, so musste er einen Ziegenbock als Opfer darbringen. Und hatte gar ein gesalbter Priester aus Versehen gegen irgendein Gebot des HERRN gesündigt, so war ein junger

Stier fällig.

Schließlich waren noch Dankopfer darzubringen. Und Gründe, dem HERRN im Himmel zu danken, gab es immer. Dafür, dass Regen fiel und die Pflanzen wachsen und gedeihen konnten. Dafür, dass kein Regen fiel, und man mit der Feldarbeit gut voran kam. Oder dafür, dass man - wie im Fall Jeftah - heil aus einem Krieg zurückkehrte. Und wann war schon mal kein Krieg?

Das Opfergut musste sorgfältig vorbehandelt werden. War das Opfertier ein Rind und sollte ein Dankopfer dargebracht werden, so galt nach den Geboten des HERRN: Der Priester soll seine Hand auf den Kopf des Opfers legen

> (2) . . . und es schlachten vor der Tür der Hütte des Stifts. Und die Priester, Aarons Söhne (gemeint sind die männlichen Nachkommen Aarons – der Verf.) sollen das Blut auf den Altar umhersprengen.
> (3) Und er soll von dem Dankopfer dem HERRN opfern, nämlich das Fett, welches das Eingeweide bedeckt, und alles Fett am Eingeweide

(4) und die zwei Nieren mit dem Fett, das daran ist, an den Lenden, und das Netz um die Leber, an den Nieren abgerissen.

(5) Und Aarons Söhne sollen's anzünden auf dem Altar zum Brandopfer, auf dem Holz, das auf dem Feuer liegt. Das ist ein Feuer zum süßen Geruch für den HERRN.

3. Mose 3

Mit gewissen Abweichungen galt diese Vorschrift auch für das Opfern von Stieren, Kälbern, Ziegen, Widdern, Schafen und Lämmern. Für das Opfern von Menschen finden sich in der Bibel keine besonderen Regeln. Dem Jeftah wird also nichts anderes übrig geblieben sein, als sich an die erlassenen Opfergesetze zu halten. Was er nun mit dem Blut, dem Netz um die Leber, dem Fett an den Eingeweiden und den Nieren seiner Tochter im Einzelnen alles angestellt hat, wissen wir nicht. Die Bibel schweigt hierzu ausführlich. Aber da ja der Geist des HERRN auf Jeftah gekommen war, wird der gottergebene Richter gewiss alle Unklarheiten gelöst und seinen HERRN im Himmel mit einem süßen Geruch erfreut haben.

Aus der Sicht des Bibel-Autors muss Jeftah ja noch Glück gehabt haben. Wie hätte der Richter denn vor seinem himmlischen HERRN und Meister dagestanden, wenn ihm bei seiner Rückkehr als Erstes eine Maus über die Türschwelle entgegen gehuscht wäre?

* * * *

Jeftahs Ruhmestat ist das einzige Menschenopfer, das in der Bibel explizit abgehandelt wird. Mehrere Textstellen deuten aber darauf hin, dass für verschiedene Bibel-Autoren die Frage, ob Menschenopfer zu fordern oder zu verdammen sind, nicht eindeutig geklärt war.

Wie kam Jeftah dazu, einen Menschen zu opfern? Er hatte das Angebot der Ältesten von Gilead angenommen, eine äußerst steile Karriere zu machen - vom Outlaw zum „Haupt und Obersten" des Volkes. Als er dieses Angebot annahm, tat er das aus eigenem Interesse. Niemand hätte ihn dazu zwingen können. Weil er nicht sicher war, ob er der übernommenen Aufgabe auch gewachsen sein würde, bat er um himmlischen Beistand - mit einem Geschäft auf Gegenseitigkeit. Bekomme ich von ganz oben Hilfe, um meinen privilegierten Status zu erhalten, so bringe ich ein Brandopfer dar „zum süßen Geruch für den HERRN". Und wenn dabei ein anderer, völlig unbeteiligter Mensch sein kostbares Leben verliert - nicht der Rede wert. Der Clou der Jeftah-Geschichte ist nun, dass der Allmächtige offenbar auf diesen Handel eingegangen ist.

Ist es nun so, dass - wie der katholische Erwachsenenkatechismus von 1985 verkündet - die Bibel „unter der Einwirkung des Heiligen Geistes geschrieben" wurde, deshalb „wahrhaft Wort Gottes" ist (S.47) und „auf jeder (!) Seite" bezeugt, dass Gott „uns nahe gekommen" ist (S. 37)? Oder ist die Story von Jeftah und seiner Tochter ein entsetzlicher Quatsch, der den kranken Gehirnwindungen eines perversen Ideologen entsprungen ist?

> Siehe, wie fein und lieblich ist's,
> wenn Brüder einträchtig
> beieinander wohnen.
> Psalm 133,1

2. Kapitel

Was Jeftah mit großer Genugtuung gefeiert haben wird, nämlich die Demütigung und Überwindung der Ammoniter, hat so nicht alle Israeliten begeistert. Männer des benachbarten Bruderstammes Ephraim kamen zu ihm, dessen Heimat Gilead ja zum Gebiet des Stammes Manasse gehörte, und machten ihm schwere Vorwürfe. Sie waren erbost, weil Jeftah gegen die Ammoniter gezogen war, ohne dass er sie darüber informiert und ohne dass er sie gebeten hatte, mit ihm zu kommen. Warum, so fragten sie ihn, hast du

> (1) . . . uns nicht gerufen, damit wir mit dir zögen? Wir wollen dein Haus samt dir mit Feuer verbrennen.
> Richter 12

Jeftah entgegnete ihnen, er habe sie, als er sich in einem „harten Kampf mit den Ammonitern" befand, zwar gerufen, aber sie, die Ephraimiter, seien nicht gekommen.

> (3) Da ich nun sah, dass ihr nicht helfen wolltet, wagte ich mein Leben daran und zog hin wider die Kinder Ammon, und der HERR gab sie in meine Hand. Warum kommt ihr nun zu mir herauf, wider mich zu streiten?
>
> Richter 12

Da hat Jeftah aber geschwindelt. Nicht, nachdem er s e i n Leben eingesetzt hatte, sondern nachdem er ein Brandopfer gelobt, also das Leben eines anderen Menschen angeboten hatte, gab der HERR die Ammoniter in seine Hände.

Wie es nach der Drohung der Männer von Ephraim weiter ging, muss im Originaltext wiedergegeben werden:

> (4) Und Jeftah sammelte alle Männer in Gilead und stritt wider Ephraim (gemeint ist: gegen die Männer aus dem Stamm Ephraim – der Verf.). Und die Männer in Gilead schlugen Ephraim, darum daß sie sagten: Seid doch ihr Gileaditer unter Ephraim und Manasse als die Flüchtigen Ephraims.
> (5) Und die Gileaditer nahmen ein die Furten des Jordans vor Ephraim.

Wenn nun die Flüchtigen Ephraims
sprachen: Laß mich hinübergehen!
so sprachen die Männer von Gilead
zu ihm: Bist du ein Ephraimiter?
Wenn er dann antwortete: Nein!
(6) ließen sie ihn sprechen: Schibo-
leth; so sprach er: Siboleth und konnte es nicht recht aussprechen; alsdann
griffen sie ihn und schlugen ihn an
den Furten des Jordans, daß zu der
Zeit von Ephraim fielen zweiundvierzigtausend.
(7) Jeftah aber richtete Israel sechs
Jahre. Und Jeftah, der Gileaditer,
starb und ward begraben in seiner
Stadt zu Gilead.

Richter 12

*

Die Bibel kann man nicht immer ganz ernst
nehmen. Im elften Kapitel des Richter-Buches
wurde Jeftah „Haupt und Oberster" des Volkes
von Gilead, das - wie bereits erwähnt - zum Gebiet des Stammes Manasse gehörte. Im zwölften
Kapitel war er auf einmal Richter über ganz Israel, also über alle dreizehn Stämme. Das ist so,
wie wenn ein Landrat urplötzlich Bundeskanzler

wird, ohne dass darüber auch nur ein Wort zu verwenden wäre.

**

Wie auch immer der Wahrheitsgehalt der Bibel einzuschätzen ist, der Autor des Richter-Buches erzählt einen Massenmord mit zigtausend Opfern, und das mit einer Nonchalance, die für ein Buch, das manche als „Heilige Schrift" verkaufen, zumindest erstaunlich ist.

Die Männer von Ephraim hatten in dem unsinnigen Kampf kapituliert und wollten nach Hause fliehen. Statt sie einfach laufen zu lassen, wurde ihnen von Jeftahs Leuten der Fluchtweg abgeschnitten. Und nach einer kurzen Probe der ethnischen Zugehörigkeit wurden sie ohne viel Aufhebens vom Leben in den Tod befördert.

Die oft gefürchtete Studienratsfrage: „Was will uns der Dichter sagen?" findet im Richter-Buch eine schnelle und einfache Antwort. Die Geschichte des Richters Jeftah lehrt uns, wozu ein Mann fähig wird, wenn zuvor der Geist des HERRN auf ihn gekommen ist.

***

Um zu einem näheren Verständnis der Bibel zu gelangen, ist es unwichtig, ob jemand damals tatsächlich zweiundvierzigtausend Leichen gezählt hat oder nicht. Man kann die Bibel auch nicht mit heute gültigen Maßstäben beurteilen. Die Genfer Konventionen gab es damals noch nicht. Und die hätten - nebenbei bemerkt - auch nie entstehen können, wenn die Menschen in ihrer geistig-ethischen Entwicklung auf dem Niveau der Hebräischen Bibel stehen geblieben wären. Will man zu einem näheren Verständnis dieses merkwürdigen „Buches der Bücher", wie die Bibel auch schon genannt wurde, gelangen, muss man - mit welchen Vermutungen, Annahmen und Hypothesen auch immer - von der Entstehungsgeschichte ausgehen.

Die einzelnen Teile der Hebräischen Bibel sind über einen Zeitraum von mehreren Jahrhunderten entstanden. Im Zuge einer Kanonisierung, die sich über einen längeren Zeitabschnitt hinzog, wurden die Texte schließlich in die Zusammenstellung aufgenommen, die - von wenigen Ausnahmen abgesehen - heute noch gilt. Was die Datierung der einzelnen Schriften angeht, herrscht seit dem neunzehnten Jahrhundert ein reger Gelehrtenstreit. Die ältesten Bibelteile werden aus der Zeit um 1.000 v. Chr. vermutet. Der Abschluss der Kanonisierung soll in dem ersten nachchristlichen Jahrhundert erfolgt sein.

Eine Annäherung an die Aussagen der Bibel müsste also von zwei Aspekten ausgehen. Einmal wäre zu fragen, was den Autor einer einzelnen Schrift wie beispielsweise des Richter-Buches motiviert haben könnte, den Text so wie er nun einmal dasteht, von sich zu geben. Und zum anderen ergibt sich die Frage, warum ein Text im Zuge der Kanonisierung nicht ausgeschieden sondern zu ehernen Bestand der zur Bibel zusammengefassten Schriftensammlung wurde. Darum soll es in diesem und später in einem weiteren Buch gehen.

> Alles, was Odem hat,
> lobe den HERRN.
> Psalm 150,6

3. Kapitel

Zu den herausragenden Gestalten der Bibel gehört zweifellos Mose. Er wurde in Ägypten als Sohn eines levitischen Ehepaares geboren. Das war - jedenfalls den Behauptungen der Bibel zufolge - zu der Zeit, als die israelitischen Stämme noch im Nildelta siedelten und unter dem Joch des ägyptischen Königs schuften mussten.

Als die Wehklagen der geplagten Israeliten immer lauter wurden, überkam den HERRN ein Erbarmen. Wie es weiterging, können wir uns schon denken. Der HERR erweckt einen „Erretter" - die Feinde Israels werden niedergerungen - das Volk des HERRN kann wieder aufatmen. Anders als in der Richter-Zeit, die nach grober Schätzung zwei Generationen später begann, gab es für die Israeliten in Ägypten ein Ziel: das Gelobte Land. Und Mose sollte derjenige sein, der das kujonierte Gottesvolk dorthin führt.

Zunächst führt die Bibel kurz und bündig ein:

> (1) Und es ging hin ein Mann vom Hause Levi (gemeint ist: vom Stamm Levi – der Verf.) und nahm eine Tochter Levi (zur Frau),
> (2) Und das Weib ward schwanger und gebar einen Sohn.
>
> 2. Mose 2

Und dieser Sohn bekam später den Namen Mose. Weil das als Herkunftsbeschreibung für eine so bedeutende Persönlichkeit wohl etwas dürftig war, wird die Bibel nach der Aufzählung verschiedener Abenteuer fünf Seiten und vier Kapitel später genauer.

> (16) Dies sind die Namen der Söhne Levis nach ihren Geschlechtern: Gerson, Kahath, Merari. Aber Levi ward hunderundsiebenunddreißig Jahre alt.
> (17) Die Söhne Gersons sind diese: Libni und Simei nach ihren Geschlechtern.
> (18) Die Söhne Kahaths sind diese: Amram, Jizhar, Hebron, Usiel. Kahath aber ward hundertdreiunddreißig Jahre alt.
> (19) Die Söhne Meraris sind diese: Maheli und Musi. Das sind die

> Geschlechter Levis nach ihrer Abstammung.
> (20) Amram nahm seine Muhme Jochebed zum Weibe; die gebar ihm Aaron und Mose.
>
> 2. Mose 6

Hier also haben wir die Reihenfolge: Levis mittlerer Sohn hieß Kahaht. Dessen Ältester war Amram. Und Amrams Söhne waren Aaron und Mose. Aaron und Mose waren also Urenkel von Levi. Aber wer war Levi?

*

Es kommt immer anders als man denkt. Das muss sich auch der Allmächtige und Allwissende gedacht haben, als er sich an die Erschaffung der Welt gemacht hat. Kaum, dass er mit seinem paradiesischen Garten Eden fertig war, gab es auch schon den ersten Stress. Weil eine Frau, besser gesagt, die erste Frau, Eva mit Namen, ihre Neugier partout nicht zügeln konnte und unbedingt von den verbotenen Früchten essen musste, obwohl von den anderen mehr als genug da waren, und weil sie dann auch noch ihren Mann dazu brachte, dasselbe zu tun, flog das erste Menschenpaar hochkantig aus dem Paradies. Und Adam, der Ur-Vater aller Erdenbürger, bekam eine Maxime mit auf den Weg, die auch für alle nachfolgenden Geschlechter gelten sollte. Ein für alle Mal war jetzt Schluss mit paradiesischer Fülle. Stattdessen sollte gelten:

> (19) Im Schweiße deines Angesichts sollst du dein Brot essen.
> 1. Mose 3

Weil manche mal weniger schwitzen mussten als andere, kam schon bald Neid auf. Neid erzeugte Gier. Aus Gier wurde Habgier. Habgier gerann zu Hass. Schließlich waren Mord und Totschlag an der Tagesordnung.

Als dem HERRN das alles irgendwann zu viel wurde, setzte er kurzerhand die ganze Erde unter Wasser. Nur Noah, der Welt erster Schiffsbaumeister, der rechtzeitig vom Allerhöchsten eine Warnung bekam, konnte mit seiner Familie und einer Schar ausgesuchter Tiere überleben, nachdem er mit seiner Arche am Berg Ararat, der höchsten Erhebung im Vorderen Orient, anlanden konnte.

Mit der Entfesselung der Sintflut hatte der HERR sozusagen den Reset-Knopf des Weltenlaufs gedrückt, und alles ging noch einmal von vorne los. Es wurde aber deshalb nicht alles besser, vor allem nicht im Nahen Osten, der anscheinend schon damals eine Problem-Region war. Nicht einen einzigen vertrauenswürdigen Menschen konnte der HERR dort finden, sodass er immer weiter suchen musste, bis er schließlich in der Stadt Ur am unteren Euphrat fündig wurde.

Diese Stadt, Archäologen haben es herausgefunden, hat es tatsächlich gegeben. Sie gehörte mit Uruk, Babylon, Mari, Ninive und Ugarit zu den Metropolen der Bronze- und frühen Eisenzeit. In diesem Ur also suchte und fand der HERR einen untadeligen Mann namens Abram, später Abraham genannt. Dem gab er auf, zusammen mit seiner Frau, das Paar war noch kinderlos, in ein Land zu ziehen, das später das Heilige genannt wurde. Weil die Menschen, die zwischen den Bergen des Libanon und dem Nordrand der Negev-Wüste wohnten, alle so furchtbar schlecht waren, sollte Abram dort ein neues Geschlecht begründen. „Ich will", sagte der HERR zu ihm,

> (16) ... deine Nachkommen machen wie den Staub auf Erden. Kann ein Mensch den Staub auf Erden zählen, der wird auch deine Nachkommen zählen.   1.Mose 13

Zunächst ging das mit der zahlreichen Nachkommenschaft aber nicht so einfach. Abraham hatte zwar insgesamt acht Söhne, aber von drei verschiedenen Frauen. Und das war einigermaßen kompliziert. Weil, wie die Bibel schreibt, Abrams Ehefrau Sarai, später Sara genannt, der Schoß verschlossen blieb und Sarai ihrem Mann ansah, wie er immer mehr unter der Kinderlosigkeit litt, machte sie einen konstruktiven Vorschlag zur Sache.

> (2) Und sie sprach zu Abram: Siehe, der HERR hat mich verschlossen,
> daß ich nicht gebären kann. Gehe doch zu meiner Magd, ob ich vielleicht durch sie zu einem Sohn kommen kann.
>
> 1. Mose 16

Das ließ sich Abram nicht zweimal sagen. Hagar, so hieß die Magd, kam denn auch bald in andere Umstände und gebar einen Sohn, den sie Ismael nannten. Damit das mit der Magd aber so nicht weiterging, schloss der HERR der Sarai den Schoß wieder auf, und so konnte Abrahams Frau doch noch schwanger werden. Da sie aber längst in einem Alter war - die Bibel spricht von immerhin 90 Jahren -, in dem andere Frauen ihre Enkel oder gar Ur-Enkel hüten, wurde bei dem Zeugungsakt nicht nur der Ehemann, sondern auch noch der Geist des HERRN aktiv. Isaak, so hieß der Nachwuchs, hatte also einen schon in die Jahre gekommenen Vater, eine Mutter, die auch seine Urgroßmutter hätte sein können und als Übervater sozusagen den Geist des HERRN, der aber damals noch nicht mit dem Prädikat „heilig" versehen war.

Nachdem die hochbetagte Sara gestorben war, erlebte der uralte Abraham noch seinen zweiten Frühling und ehelichte eine Frau namens Ketura. Die gebar ihm sechs Söhne. Der vierte von ihnen hieß Midian. Kein Papst, kein Bischof und kein Priester, keine Pastorin und kein Pastor hat sich jemals getraut, eine Predigt über Midian und das beklagenswerte Schicksal seiner Nachfahren zu halten. Deshalb sollen die Midianiter - wenigstens hier einmal - noch eine ausführliche Würdigung erfahren.

* *

Ismael, der Sohn von Abraham und der Magd Hagar, fiel bei seinem Vater in Ungnade. Weil Gattin Sara nicht mehr ertragen konnte, wie der Knabe - so die Bibel - „Mutwillen trieb", schickte Abraham Hagar und den Jungen in die

Wüste. Und zwar mit Billigung von höchster Stelle:

> (12) Aber Gott sprach zu ihm (zu Abraham – der Verf.): laß dir's nicht übel gefallen des Knaben und der Magd halben. Alles, was Sara dir gesagt hat, dem gehorche; denn in Isaak soll dir der Same genannt werden.
> 1. Mose 21

Isaak, der später Geborene, sollte also zur großen Hoffnung werden. Oder doch nicht? Der Allmächtige zu seinem Diener Abraham:

> (2) Nimm Isaak, deinen einzigen Sohn, den du liebhast, und gehe hin in das Land Morija und opfere ihn daselbst zum Brandopfer auf einem Berge, den ich dir sagen werde.
> 1. Mose 22

Auf diesem Berg angekommen

> (9) . . . baute Abraham daselbst einen Altar und legte das Holz darauf und band seinen Sohn Isaak, legte ihn auf den Altar oben auf das Holz

> (10) und reckte seine Hand aus und faßte das Messer, daß er seinen Sohn schlachtete.
>
> 1. Mose 22

Das entsprach zwar so nicht den Opfergesetzen (das Opfer musste vor und durfte nicht auf dem Altar geschlachtet werden). Aber diese Vorschriften hatte der HERR ja erst fünf Generationen später am Sinai erlassen (S. 30 f). Anders als in der Jeftah-Geschicht ging es hier jedoch glimpflich aus. Im letzten Augenblick kam ein Engel dazwischen und Isaak konnte wieder vom Altar hinabsteigen. Abraham bemerkte, was für ein Zufall, wie sich hinter ihm ein Widder mit seinen Hörnern in einer Hecke verfangen hatte. Und Abraham

> (13) . . . ging hin und nahm den Widder und opferte ihn zum Brandopfer an seines Sohnes Statt.
>
> 1. Mose 22

Weil Abraham die göttliche Gehorsamsprüfung mit Bravour gemeistert hatte, wurde ihm auch höchste Anerkennung zuteil.

> (16) . . . Ich habe bei mir selbst geschworen, spricht der HERR, dieweil

> du solches getan hast und hast deines einzigen Sohnes nicht verschont,
> (17) dass ich deinen Samen segnen und mehren will wie die Sterne am Himmel und wie den Sand am Ufer des Meeres; und dein Same soll besitzen die Tore seiner Feinde;
> (18) und durch deinen Samen sollen alle Völker auf Erden gesegnet werden, darum daß du meiner Stimme gehorcht hast.
>
> 1. Mose 22

Warum der HERR im Himmel hier bei der Wiederholung dessen, was er längst vorher festgelegt hatte - nämlich Abrahams Geschlecht zu mehren wie den Sand am Meer -, warum er hier unbedingt noch einen Schwur leisten musste, erschließt sich dem Leser nicht. Und für die Segnungen, die von Abrahams Samen auf andere Völker kamen, werden sich diese noch bedanken, wie wir später sehen werden.

* * *

Isaak hatte zwei Söhne, die Zwillinge Esau und Jakob. Esau erblickte als erster das Licht der Welt.

(27) Und da nun die Knaben groß wurden, ward Esau ein Jäger und streifte auf dem Felde, Jakob aber ein sanfter Mann und blieb in den Hütten.

1. Mose 25

Was in der Bibel als sanft gilt, erläutert die folgende Passage.

(29) Und Jakob kochte ein Gericht. Da kam Esau vom Feld und war müde
(30) und sprach zu Jakob: Laß mich kosten das rote Gericht; denn ich bin müde. Daher heißt er Edom.
(31) Aber Jakob sprach: Verkaufe mir heute deine Erstgeburt.
(32) Esau antwortete: Siehe, ich muss doch sterben; was soll mir denn die Erstgeburt?
(33) Jakob sprach: So schwöre mir heute. Und er schwur ihm und verkaufte also Jakob seine Erstgeburt.
(34) Da gab ihm Jakob Brot und das Linsengericht, und er aß und trank und stand auf und ging davon. So verachtete Esau seine Erstgeburt.

1. Mose 25

Erstaunlich an der Geschichte ist zunächst, dass bei den alten Hebräern anscheinend auch Männer Küchendienste verrichtet haben. - In einer Familie, in der es „sanft" zugeht, gibt jemand – möchte man meinen - seinem hungrigen Bruder etwas zu essen, ohne damit gleich ein Geschäft zu verbinden. Der Autor der Isaaks- und Jakobsgeschichte brauchte diese nicht so ganz stimmige Erzählung als Vorspiel zu einem späteren Manöver.

Als Isaak sein Ende nahen spürte, bat er Esau, den Jäger, um ein Wildbret. Rebecca, Isaaks Frau und Mutter der Zwillinge, hörte dies und stiftete ihren Lieblingssohn Jakob an, zwei „gute Böcklein" aus der Herde zu holen und diese nach der Schlachtung und Zubereitung dem Vater zu servieren. Weil der Alte kaum noch sehen konnte, sollte sich Jakob als Esau ausgeben, um in den Genuss des väterlichen Segens für den Erstgeborenen zu kommen. Weil Esau aber im Gegensatz zu seinem Bruder eine raue Haut hatte, band die Mutter dem Jakob die Felle der geschlachteten Lämmer um die Hände, damit der Vater beim Abtasten glauben sollte, er habe den älteren Esau vor sich. Isaak muss nicht nur schlechte Augen gehabt haben, auch sein Tastsinn war wohl nicht mehr intakt. Denn er bemerkte nicht, dass er statt der Haut seines Sohnes das Fell eines jungen Schafes streichelte.

Die ganze Geschichte ist ein einziger Krampf und soll den Jakob als besonders clever erscheinen lassen - einen Mann, der vom Herrscher im Himmel den Ehrenamen Israel bekam. Jakob Israel wurde - immer nach dem, was die Bibel erzählt - zum Begründer des späteren Volkes Israel. Elf seiner zwölf Söhne wurden zu Stammvätern des später auserwählten Volkes. Dem zweitjüngsten, Josef, wurde diese Ehre nicht zuteil. Stattdessen sollten die beiden Josefs-Söhne Ephraim und Manasse zu Begründern je eines Volksstammes werden.

Das elfte der dreizehn Kinder Jakobs war dessen einzige Tochter Dina. Der widerfuhr eines Tages Schlimmes. Als sie einmal ausging, um „die Töchter des Landes zu sehen", wurde sie von einem Sohn des Landesherrn vergewaltigt. Der Vater des Täters, der Landesherr Hamor, wollte die Angelegenheit regeln und machte ein Angebot.

> (8) Da redete Hamor mit ihnen (mit Dinas Brüdern und ihrem Vater – der Verf.) und sprach: Meines Sohnes

> Sichem Herz sehnt sich nach eurer Tochter; gebt sie ihm doch zum Weibe.
> (9) Befreundet euch mit uns; gebt uns eure Töchter und nehmt ihr unsere Töchter
> (10) und wohnt bei uns. Das Land soll euch offen sein; wohnet und werbet und gewinnet darin.
> (11) Und Sichem sprach zu ihrem Vater und ihren Brüdern: Laßt mich Gnade bei euch finden; was ihr sagt, das will ich geben.
> (12) Fordert nur getrost von mir Morgengabe und Geschenk, ich will's geben, wie ihr heischet; gebt mir nur die Dirne zum Weibe.
>
> 1. Mose 34

Anscheinend war Dina damit nicht einverstanden. Und so antworteten ihre Brüder „betrüglich". Sie könnten ihre Schwester nicht einem unbeschnittenen Mann geben, „denn das wäre uns eine Schande". Der Vorschlag von Jakobs Söhnen und wie es damit weiterging:

> (15) Doch dann wollen wir euch zu Willen sein, so ihr uns gleich werdet und alles, was männlich unter

euch ist, beschnitten werde;

(16) dann wollen wir unsere Töchter euch geben und eure Töchter uns nehmen und bei euch wohnen und ein Volk sein.

(17) Wenn ihr aber nicht darein willigen wollt, euch zu beschneiden, so wollen wir unsere Tochter nehmen und davon ziehen.

(18) Die Rede gefiel Hamor und seinem Sohn wohl.

(19) Und der Jüngling verzog nicht, solches zu tun; denn er hatte Lust zu der Tochter Jakobs. Und er war herrlich gehalten über alle in seines Vaters Hause.

(20) Da kamen sie nun, Hamor und sein Sohn Sichem, unter der Stadt Tor und redeten mit den Bürgern der Stadt und sprachen:

(21) Diese Leute sind friedsam bei uns und wollen im Lande wohnen und werben; so ist nun das Land weit genug für sie. Wir wollen uns ihre Töchter zu Weibern nehmen und ihnen unsre Töchter geben.

(22) Aber dann wollen sie uns zu Willen sein, daß sie bei uns wohnen

und ein Volk mit uns werden, wo wir alles, was männlich unter uns ist, beschneiden, gleich wie sie beschnitten sind.

(23) Ihr Vieh und ihre Güter und alles, was sie haben, wird unser sein, so wir nur ihnen zu Willen werden, daß sie bei uns wohnen.

(24) Und sie gehorchten dem Hamor und Sichem, seinem Sohn, alle, die zu seiner Stadt Tor aus- und ein gingen, und beschnitten alles, was männlich war, das zu seiner Stadt aus- und einging.

(25) Und am dritten Tage, da sie Schmerzen hatten, nahmen die zwei Söhne Jakobs, Simeon und Levi, ein jeglicher sein Schwert und gingen kühn in die Stadt und erschlugen alles, was männlich war,

(26) und erschlugen auch Hamor und seinen Sohn Sichem mit der Schärfe des Schwerts und nahmen ihre Schwester Dina aus dem Hause Sichems und gingen davon.

(27) Da kamen die Söhne Jakobs über die Erschlagenen und plünderten die Stadt, darum daß sie hatten ihre Schwester geschändet.

(28) Und nahmen ihre Schafe, Rinder, Esel und was in der Stadt und auf dem Felde war
(29) und alle ihre Habe; alle Kinder und Weiber nahmen sie gefangen, und plünderten alles, was in den Häusern war.

1. Mose 34

Damit haben wir nun zwei weitere Angehörige des biblischen Personals näher kennengelernt. Jakob, nach Isaak und Abraham den letzten der drei Erzväter, den Träger des Ehrennamens Israel, den Begründer des Volkes Israel - im Übrigen ein Erbschleicher, der seinen Bruder Esau betrogen und seinen Vater Isaak belogen und getäuscht hat. Und dessen Sohn Levi, der vom HERRN im Himmel zum Stammvater des Priesterstamms der Israeliten auserkoren wurde, der aber zunächst als Massenmörder in Erscheinung tritt.

* * * *

Josef, der zweitjüngste der zwölf, war der Lieblingssohn von Jakob. Das hat den Brüdern nicht gefallen. Die Animositäten wurden immer größer und schlugen irgendwann in blanken Hass um. Als die älteren Brüder einmal mit den

Viehherden unterwegs waren, schickte Jakob den Josef zu ihnen.

> (12) Da nun seine Brüder hingingen, zu weiden das Vieh ihres Vaters in Sichem,
> (13) sprach Israel zu Joseph: Hüten nicht deine Brüder das Vieh in Sichem? Komm, ich will dich zu ihnen senden. Er aber sprach: Hier bin ich.
> (14) Und er sprach: Gehe hin und sieh, ob's wohl stehe um deine Brüder und um das Vieh, und sage mir wieder Antwort. Und er sandte ihn aus dem Tal Hebron, daß er gen Sichem ginge.
> 1.Mose 37

Schon als die Brüder Josef von Ferne kommen sahen, kam die Idee auf, ihn umzubringen und den Toten in eine Grube zu werfen. Zwei waren dagegen. Sie hatten eine bessere Idee. Es kamen nämlich Kaufleute mit einer Karawane vorbei, die auf dem Weg nach Ägypten waren. Und diesen Händlern wurde Josef „um zwanzig Silberstücke" verkauft.

In Ägypten wurde Josef dann weiterveräußert an einen Mann namens Potifar. Der war Kämmerer des Pharao und Oberster der Leibwache. Als Potifars Frau mit dem jungen Josef ein Verhältnis anfangen wollte und der sich verweigerte, ließ die Dame ihn ihre Rache spüren und erzählte ihrem Gatten:

> (17) Der hebräische Knecht, den du uns hereingebracht hast, kam zu mir herein und wollte seinen Mutwillen mit mir treiben.
>
> 1. Mose 39

Manche Bibelgeschichten lesen sich, als seien sie mitten aus dem Leben gegriffen. - Potifar fackelte nicht lange und ließ Josef in ein Gefängnis werfen. Dort wurde der Junge mit zwei Insassen bekannt, die vorher königliche Beamte gewesen waren, mit dem ehemaligen Mundschenk und dem ehemaligen „Amtmann über die Bäcker".

Josef genoss eine besondere Bewunderung, als er einmal die Träume der vormaligen Beamten deuten konnte. Einige Zeit später wurde der Mundschenk freigelassen und in sein früheres Amt am Hofe des Pharao wieder eingesetzt.

Als nun der Pharao einmal einen Traum hatte und „alle Wahrsager in Ägypten und alle Weisen" keine Deutung zustande brachten, erinnerte sich der Mundschenk an den hebräischen Jüngling im Gefängnis und an dessen Erklärungskünste. Als der Beamte dem Pharao dann auch noch erläutern konnte, dass später alles genauso eingetreten war, wie es der junge Hebräer bei seiner Traumdeutung vorausgesagt hatte, ließ der Herrscher den jungen Mann, der immer noch eingesperrt war, unverzüglich zu sich kommen.

Josef hörte sich an, was der Pharao von seinen Träumen zu erzählen hatte und konnte sogleich mit seiner Auslegung beginnen. Die sieben schönen und fetten Kühe, die der Pharao in seinem Schlaf aus dem Nil kommen sah, das wären die nächsten sieben guten Jahre. Und die sieben mageren und hässlichen Kühe, die danach kamen und die ersten sieben fetten Kühe auffraßen, das wären sieben Jahre des Hungers, die auf die sieben guten folgen würden. Das alles sei eine himmlische Botschaft an den ägyptischen Herrscher, damit dieser beizeiten erführe, was auf ihn zukommen werde.

Ohne danach gefragt worden zu sein, erklärte Josef, was nach diesem göttlichen Hinweis zu tun sei. Der Pharao brauche „einen verständigen und weisen Mann, den er über Ägyptenland setze." Und der solle dafür sorgen, dass in den nächsten sieben Jahren genug Vorräte angelegt würden, damit man die danach kommenden sieben Jahre der Not überleben könne. Da gab es für den Pharao keinen Zweifel.

(39) Und (er) sprach zu Josef: Weil dir Gott solches alles hat kundgetan, ist keiner so verständig und weise wie du.
(40) Du sollst über mein Haus sein, und deinem Wort soll all mein Volk gehorsam sein; allein um den königlichen Stuhl will ich höher sein als du.
(41) Und weiter sprach (der) Pharao zu Josef: Siehe, ich habe dich über ganz Ägyptenland gesetzt.
(42) Und er tat seinen Ring von seiner Hand und gab ihn Josef an seine Hand und kleidete ihn mit köstlicher Leinwand und hing ihm eine goldene Kette an seinen Hals
(43) und ließ ihn auf seinem zweiten Wagen fahren und ließ vor ihm her ausrufen: Der ist des Landes Vater! und setzte ihn über ganz Ägyptenland.

> (44) Und (der) Pharao sprach zu Josef: Ich bin (der) Pharao; ohne deinen Willen soll niemand seine Hand und seinen Fuß regen in ganz Ägyptenland.
>
> (45) Und er nannte ihn den heimlichen Rat und gab ihm ein Weib, Asnath, die Tochter Potipheras, des Priesters zu On. Also zog Joseph aus, das Land Ägypten zu besehen.
>
> (46) Und er war dreißig Jahre alt, da er vor dem Pharao stand, dem König in Ägypten; und fuhr aus von (dem) Pharao und zog durch ganz Ägyptenland.
>
> 1. Mose 41

Als nun nach den sieben fetten die sieben mageren Jahre kamen, wurden auch in Kanaan, wo ja Jakob mit den elf anderen Söhnen lebte, die Lebensmittel knapp.

> (1) Da aber Jakob sah, daß Getreide in Ägypten feil war, sprach er zu seinen Söhnen: Was seht ihr euch lange um?
>
> (2) Siehe, ich höre, es sei in Ägypten Getreide feil; ziehet hinab und

kauft uns Getreide, daß wir leben und nicht sterben.
>1. Mose 42

Alle Söhne machten sich auf in Richtung Ägypten, nur Benjamin, den Jüngsten, ließ der Vater nicht mitziehen: „Es möchte ihm ein Unfall begegnen." Jakob hatte wohl den Verlust des Zweitjüngsten, Josef, noch nicht verwunden.

> (5) Also kamen die Söhne Israels, Getreide zu kaufen, samt anderen, die mit ihnen zogen; denn es war im Lande Kanaan auch teuer.
> (6) Aber Josef war der Regent im Lande und verkaufte Getreide allem Volk im Lande. Da nun seine Brüder kamen, fielen sie vor ihm nieder zur Erde auf ihr Antlitz.
> (7) Und er sah sie an und kannte sie und stellte sich fremd gegen sie und redete hart mit ihnen und sprach zu ihnen: Woher kommt ihr?
>1. Mose 42

Josef hatte nicht vergessen, wie seine älteren Brüder mit ihm umgegangen waren. Und so tat er, als würde er sie als feindliche Kundschafter ansehen. Die Brüder wiesen diesen Verdacht immer wieder zurück und erzählten, woher sie kamen, wer ihr Vater sei und daß sie noch einen jüngeren Bruder hätten. Josef gab vor, daß er ihnen nicht glauben würde. Schließlich ließ er Simeon, den Zweitältesten, festnehmen und schickte die anderen zurück zu ihrem Vater, nachdem er vorher noch angeordnet hatte, Simeon erst freizulassen, wenn die Brüder den Jüngsten brächten. Nur so könne er erkennen, ob sie die Wahrheit sagten.

Als Jakob dies von den Heimkehrern hörte, war er damit überhaupt nicht einverstanden. Die Söhne konnten zwar Getreide aus den ägyptischen Vorräten mitbringen, aber nun saß Simeon am Nil fest. Jakob hatte große Angst, dass er nun auch seinen jüngsten Sohn verlieren würde.

Das Getreide aus Ägypten war auch irgendwann verbraucht und ein Ende der Hungersnot noch gar nicht absehbar. So wollte Jakob seine Söhne ein zweites Mal nach Ägypten schicken, wo es dank der klugen Vorratswirtschaft des Josef noch genug zu kaufen gab. Nach langem Hin und Her durfte auch Benjamin mitziehen, in der Hoffnung, dass der Vater nach der Rückkehr auch den Simeon und auch den Benjamin wiedersehen werde. Als die Brüder in Ägypten den Josef ein zweites Mal um Getreide baten, gab sich der erste Mann des Pharao schließlich zu erkennen, nachdem sich vorher eine ganze Reihe rührseliger Szenen abgespielt hatten. - Und das Happy End der ganzen Geschichte: Der Pharao war damit einverstanden, daß sein erster Mann die ganze Sippe aus Kanaan kommen ließ und ihnen im Nildelta fruchtbares Land übereignete.

> (26) Alle Seelen, die mit Jakob nach Ägypten kamen, die aus seinen Lenden gekommen waren (ausgenommen die Weiber seiner Söhne), sind alle zusammen sechsundsechzig Seelen.
> 1. Mose 46

> Ich lobe den HERRN, der
> mich beraten hat.
> Psalm 16, 7

4. Kapitel

Die elf Brüder Josefs und der Vater Jakob wurden nach Josefs Fürsprache vom Pharao freundlich aufgenommen, nachdem sie der Dürre-Katastrophe in Kanaan entflohen waren. „Am besten Ort des Landes", schreibt die Bibel, bekamen sie Wohnrecht und Weideplätze für ihr Vieh. Aber die Verhältnisse sollten sich ändern.

> (6) Da nun Josef gestorben war und alle seine Brüder und alle, die zu der Zeit gelebt hatten,
> (7) wuchsen die Kinder Israel und zeugten Kinder und mehrten sich und wurden sehr viel, daß ihrer das Land voll ward.
> (8) Da kam ein neuer König auf in Ägypten, der wusste nichts von Josef
> (9) und sprach zu seinem Volk: Siehe, des Volks der Kinder Israel ist viel und mehr als wir.
> (10) Wohlan, wir wollen sie mit List dämpfen, daß ihrer nicht so viel werden. Denn wo sich ein Krieg erhöbe, möchten sie sich auch zu unsern

> Feinden schlagen und wider uns strei-
> ten und zum Lande ausziehen.
> (11) Und man setzte Fronvögte über
> sie, die sie mit schweren Diensten
> drücken sollten.
>
> 2. Mose 1

Als Erstes mussten die Israeliten zwei Städte für den Pharao errichten. Weil sie das wohl nicht schlecht gemacht hatten, ließen die Ägypter sie weiter in der Baubranche

> (14) . . . und machten ihnen ihr Le-
> ben sauer mit schwerer Arbeit in Ton
> und Ziegeln und mit allerlei
> Frönen auf dem Felde und mit aller-
> lei Arbeit, die sie ihnen auferlegten
> mit Unbarmherzigkeit.
>
> 2. Mose 1

Als die Not der Israeliten immer größer wurde und die Geplagten nach anfänglichem Seufzen immer lauter zum Himmel aufschrieen, wurden sie schließlich dort auch erhört. Der HERR, der ja schon Abraham, Isaak und Jakob seine Verheißungen hatte zuteil werden lassen, erwählte Mose zum Anführer, der die Israeliten aus dem verhassten Ägyptenland herausführen sollte. Nach den göttlichen Weisungen sollte dieser das Volk des HERRN geleiten -

(8) ... in ein gutes und weites Land, in ein Land, darin Milch und Honig fließt, an den Ort der Kanaaniter, Hethiter, Amoriter, Pheresiter, Heviter und Jebusiter."

2. Mose 3

Nach vielen Widrigkeiten und Hemmnissen war es soweit. Das Gottesvolk konnte sich endlich auf den Weg machen, angeführt von dem geliebten Mose, von dem die Bibel schon so viel zu erzählen wusste. - Wie er als Baby von seiner Mutter in einem Rohr-Kästlein auf dem Nil ausgesetzt wurde, nachdem der Pharao befohlen hatte, alle neugeborenen israelitischen Knaben zu töten, um der Vermehrung Einhalt zu gebieten. - Wie er aufgefischt und von einer ägyptischen Prinzessin großgezogen wurde. - Wie er als junger Mann aus dem Land des Pharao fliehen musste, weil er einen ägyptischen Peiniger erschlagen hatte. - Wie er beim Oberpriester der Midianiter Unterschlupf fand und bei diesem bald so beliebt wurde, dass er eine von dessen Töchtern zur Frau bekam. - Wie ihm der HERR in einem brennenden Dornbusch erschien und ihm gebot, nach Ägypten zurückzukehren, um sein Volk aus der Knechtschaft zu führen. - Wie er wieder und wieder beim Pharao vorstellig wurde, um sein Volk für den Auszug frei zu bekommen. - Und wie er dabei immer wieder von seinem redegewandteren Bruder Aaron unterstützt wurde.

Über Aaron finden sich in der Bibel nur vereinzelt Anmerkungen. Zum Beispiel diese:

> (7) Und Mose war achtzig Jahre alt und Aaron dreiundachtzig Jahre alt, da sie mit dem Pharao redeten.
> 2. Mose 7

Moment mal! Wenn nach dem 2. Buch Mose, Kapitel 2, Vers 1 bis 10, Mose das erste Kind war, das nach der Heirat seiner Eltern geboren wurde, und wenn Aaron drei Jahre älter war, und wenn - woran die Bibel auch nicht den allergeringsten Zweifel lässt - feststeht, dass beide dieselben Eltern hatten, dann müssen diese doch ...? - Nun ja, päpstliche Enzykliken, in denen sie hätten nachlesen können, wann und wie sie ihr Sexualleben zu gestalten haben, gab es noch nicht. Und für den HERRN waren solche kleinen Schwächen menschlicher Regung nicht einmal eine Erwähnung wert.

*

Dass die Israeliten sich trotz der bedrückenden Fronarbeit so freudig vermehrten, dass dem Pharao schließlich Angst und Bange wurde, ist schon erwähnt worden. Die Bibel weiß dort, wo sie den Auszug aus Ägypten erzählt, eine Zahl zu nennen.

> (37) Also zogen aus die Kinder Israel von Raemses gen Sukkoth, sechshunderttausend Mann zu Fuß ohne die (Frauen und) Kinder.
> (38) Es zog auch mit ihnen viel Pöbelvolk und Schafe und Rinder, sehr viel Vieh.
>
> 2. Mose 12

Sechshundertausend Mann. Dazu die Frauen und Kinder. Und dann noch viel Pöbelvolk. Das heißt, es waren mehr als drei Millionen Menschen unterwegs. Was war da nicht alles zu organisieren, zu bedenken, zu beachten.

Natürlich ließ der HERR seinen getreuen Knecht Mose nicht im Stich und gab für die Wanderschaft immer wieder nützliche Ratschläge. Wie diesen:

> (13) Und du sollst draußen vor dem Lager einen Ort haben, dahin du zur Not hinausgehst.
>
> (14) Und du sollst eine Schaufel haben, und wenn du dich draußen setzen willst, sollst du damit graben; und wenn du gesessen hast, sollst du zuscharren, was von dir gegangen ist.
>
> 5. Mose 23

Mehr als drei Millionen Menschen auf der Wanderschaft - da gab es jeden Tag eine Menge zuzuscharren.

* *

Über drei Millionen Menschen auf dem Zug durch die Wüste. Bevor - um bei den Worten des HERRN zu bleiben - etwas von denen gehen konnte, mussten sie erst einmal etwas zu sich nehmen. Die regelmäßige Speisung des Gottesvolkes war für den HERRN überhaupt kein Problem. Er ließ einfach jeden Morgen Manna vom Himmel fallen.

> (13) Und am Abend kamen Wachteln herauf und bedeckten das Heer(lager).
>
> 2. Mose 16

Was war Manna? Es war so etwas Ähnliches wie Brot.

> (31) Und das Haus Israel hieß es Manna. Und es war wie Koriandersamen und weiß und hatte einen Geschmack wie Semmel mit Honig.
> 2. Mose 16

Morgens Brot mit Honiggeschmack und abends Wachteln. Aber was fraßen die vielen Schafe und Rinder, die das Gottesvolk mit sich führte (S. 71)? Vielleicht hat auch denen das morgendliche Manna geschmeckt. Und in Ermangelung anderer Informationen müssen wir davon ausgehen, dass sie, die als Wiederkäuer ja eigentlich nur pflanzliche Nahrung verdauen konnten, jeden Abend ebenfalls Wachteln verspeist haben. Anscheinend haben sich bei den Israeliten Wunder zugetragen, die die Bibel nicht für erwähnenswert hält.

Um in der Wüste überleben zu können, braucht man vor allem einmal Wasser. Auch da wusste der HERR nicht nur eine Lösung. Als die Israeliten auf ihrer Wüstenwanderung trockene Kehlen bekamen, fingen sie an zu meutern.

> (22) ... Und sie wanderten drei Tage in der Wüste, daß sie kein Wasser fanden.
> (23) Da kamen sie gen Mara; aber sie konnten das Wasser nicht trinken, denn es war sehr bitter. Daher hieß man den Ort Mara.
> (24) Da murrte das Volk wider Mose und sprach: Was sollen wir trinken?
> (25) Er schrie zu dem HERRN, und der HERR wies ihm einen Baum; den tat er ins Wasser, da ward es süß.
> 2. Mose 15

Und wenn noch nicht einmal bitteres Wasser vorhanden war?

> (1) Und die ganze Gemeinde der Kinder Israel zog aus der Wüste Sin weiter ihre Tagereisen, wie ihnen der HERR befahl, und sie lagerten sich in Raphidim. Da hatte das Volk kein Wasser zu trinken.
> (2) Und sie zankten mit Mose und sprachen: Gebt uns Wasser, daß wir trinken. Mose sprach zu ihnen: Was zankt ihr mit mir? Warum versucht ihr den HERRN?
> ...

(4) Mose schrie zum HERRN und sprach: Was soll ich mit dem Volk tun? Es fehlt nicht viel, so werden sie mich noch steinigen.

(5) Der HERR sprach zu ihm: Gehe hin vor dem Volk und nimm etliche Älteste von Israel mit dir und nimm deinen Stab in deine Hand, ..., und geh hin.

(6) Siehe, ich will daselbst vor dir stehen auf einem Fels am Horeb; da sollst du den Fels schlagen, so wird Wasser herauslaufen, daß das Volk trinke. Mose tat also vor den Ältesten von Israel.

2. Mose 17

Moses wundersamer Wunderstab funktionierte auch später noch öfter, wenn kein Wasser da war.

(1) Und die Kinder Israel kamen mit der ganzen Gemeinde in die Wüste Zin im ersten Monat, und das Volk lag zu Kades ...

(2) Und die Gemeinde hatte kein Wasser, und sie versammelten sich wider Mose und Aaron.

...

(9) Da nahm Mose den Stab, ...

...
(11) Und Mose hob seine Hand auf und schlug den Fels mit dem Stab zweimal. Da ging viel Wasser heraus, daß die Gemeinde trank und ihr Vieh.
4. Mose 20

Nachdem die Israeliten ihren Durst in Raphidim gelöscht hatten, zogen sie weiter in die Wüste Sinai

(2) ... und lagerten sich in der Wüste daselbst gegenüber dem Berge.
2. Mose 19

Auf diesen Berg wollte der HERR vom Himmel hernieder fahren. Und auf dieses Ereignis sollten sich die Israeliten geziemend vorbereiten.

(10) Und der HERR sprach zu Mose: Gehe hin zum Volk und heilige sie heute und morgen, daß sie ihre Kleider waschen
(11) und bereit seien auf den dritten Tag; denn am dritten Tage wird der HERR vor allem Volk herabfahren auf den Berg Sinai.
2. Mose 19

Drei Millionen Menschen in der Wüste bei der Kleiderwäsche! Rechnet man pro Kopf zwei kleine Eimer Wasser - was sicherlich nicht zu verschwenderisch gedacht wäre - , dann waren da 45.000 Kubikmeter vonnöten. Um die zu transportieren, wären - um zu einem heutigen Bild zu greifen - rund 1.600 Tanklastwagen notwendig, die, Stoßstange an Stoßstange, eine Fahrzeugschlange von mehr als 24 Kilometern Länge ergeben würden. - Diese Wassermenge war einfach so da. Mitten in der Wüste. Ohne Fels, ohne Mose, ohne Wunderstab. Da wundert sich der Bibel-Leser, was zu biblischen Zeiten alles ohne Wunder möglich war.

Die biblische Zählung der Israeliten führt noch zu einem anderen Punkt. Als Josef seine Brüder in Ägypten aufnahm (S.65), waren sie zusammen zwölf Männer. Aus dem sechsten Kapitel des zweiten Mose-Buches wissen wir, dass Mose und Aaron Urenkel von Levi waren (S. 43), einem der elf Brüder des Josef. Als Mose die Israeliten aus Ägypten führte, war es also die vierte Generation, die sich mit ihren Kindern und ihren Eltern auf den Weg machte.

Zwölf Männer begründen ein Volk von dreizehn Stämmen. Dreizehn deswegen, weil es - wie schon erwähnt - keinen Stamm Josef gab und stattdessen die beiden Josefs-Söhne Ephraim und Manasse zu Stammvätern wurden. Und diese dreizehn Stämme hatten drei Millionen Menschen. In vier Generationen von zwölf auf drei Millionen, das bedeutet - eine sicherlich nicht zu hoch gegriffene Kindersterblichkeit von zehn Prozent angenommen - , dass in dieser Population in jeder Generation jeder Mann rund gerechnet 108 Kinder in die Welt gesetzt haben muss. Wenn die Israeliten in Ägypten so sehr mit ihrer Fortpflanzung beschäftigt waren, wann blieb dann eigentlich noch Zeit für die viele Fronarbeit, die sie angeblich leisten mussten?

* * * *

Zurück zum Sinai. Die Israeliten hatten ihre gewaschenen Kleider wieder angezogen und konnten so die Ankunft des HERRN erwarten.

> (16) Als nun der dritte Tag kam und es Morgen war, da erhob sich ein Donnern und Blitzen und eine dicke Wolke auf dem Berge und ein Ton

einer sehr starken Posaune; das ganze Volk aber, das im Lager war, erschrak.

(17) Und Mose führte das Volk aus dem Lager Gott entgegen, und es trat unten an den Berg.

(18) Der ganze Berg Sinai aber rauchte, darum daß der HERR herab auf den Berg fuhr mit Feuer; und sein Rauch ging auf wie ein Rauch vom Ofen, daß der ganze Berg sehr bebte.

(19) Und der Posaune Ton ward immer stärker.

2. Mose 19

Von der Posaune einmal abgesehen liest sich das so, als würde jemand berichten, wie der Ätna anfängt, Lava zu spucken. Wie dem auch sei, der Berg beruhigte sich wieder. Mose konnte auf den Gipfel hinaufsteigen und der HERR kam zur Sache.

Zuerst die Zehn Gebote. Dann die Gesetze. Die Strafgesetze und auch die Zivilgesetze, etwa zur Regelung, wer wann wem Schadenersatz zu leisten hatte. Dann die Gesetze über die Feiertage und die bereits erwähnten Opfergesetze (S. 30 f.). Nicht nur für Menschen, auch für Ochsen verkündete der HERR gesetzliche Vorschriften.

> (28) Wenn ein Ochse einen Mann oder ein Weib stößt, daß sie sterben, so soll man den Ochsen steinigen und sein Fleisch nicht essen ...
>
> 2.Mose 21

Das wird auf die anderen Viecher eine abschreckende Wirkung gehabt haben. - Am Ende bekam Mose noch die Konstruktionsanleitung für die Stiftshütte und deren Einrichtung mit auf den Weg, damit das wandernde Volk an ein mobiles Heiligtum kam.

Für das Heiligtum wurde eine Umlage notwendig, also eine Art Stiftshütten-Steuer. Martin Luther wollte bei seiner Bibel-Übertragung dem Volk stets auf das Maul schauen. Und so lesen wir:

> (11) Und der HERR redete mit Mose und sprach:
> (12) Wenn du die Häupter der Kinder Israel zählst, so soll ein jeglicher dem HERRN geben die Versöhnung seiner Seele, auf daß ihnen nicht eine Plage widerfahre, wenn sie gezählt werden.

> (13) Es soll aber jeglicher, der gezählt ist, einen halben Silberling geben nach dem Lot des Heiligtums (ein Lot hat zwanzig Gera). Solcher halber Silberling soll das Hebopfer des HERRN sein.
>
> 2. Mose 30

Wie viele Leute Mose gezählt hat, weiß die Bibel nicht zu berichten. Aber da uns bekannt ist, dass 600.000 Mann aus Ägypten ausgezogen waren, und wir vermuten dürfen, dass sich die Israeliten auf dem Weg bis zum Berg Sinai nicht sonderlich vermehrt haben, und wenn wir weiterhin annehmen, dass in dem obigen Zitat mit „jeder" „jeder Mann" gemeint ist - auch bei späteren Zählungen werden immer nur die Männer erfasst - , dann müssen so um die 300.000 Silberlinge zusammen gekommen sein. Was man dafür alles in der Wüste kaufen konnte, ist der Bibel allerdings nicht zu entnehmen.

*** *** ***
** **

Lange bevor die Menschen an unterirdische Bahnhöfe und himmlisch feudale Bischofsresidenzen denken konnten, war schon das Projekt der Stiftshütte ein Beispiel dafür, dass die Kalkulation von Bauvorhaben manchmal eher einer Schwarzen Kunst denn einem nüchtern rationalen Zahlenwerk gleicht. Die vielen Silberlinge, die Mose eingesammelt hatte, langten anscheinend vorne und hinten nicht. Es musste ein Nachschuss her.

(14) Und der HERR redete mit Mose in der Wüste Sinai und sprach:
(15) Zähle die Kinder Levi (gemeint ist: die männlichen Nachfahren Levis - der Verf.) nach ihren Vaterhäusern und Geschlechtern, alles, was männlich ist, einen Monat alt und darüber.
(16) Also zählte sie Mose nach dem Wort des HERRN, wie er geboten hatte.
...
(39) Alle Leviten zusammen, die Mose und Aaron zählten nach ihren Geschlechtern nach dem Wort des HERRN, eitel Mannsbilder, einen Monat alt und darüber, waren zweiundzwanzigtausend.
(40) Und der HERR sprach zu Mose: Zähle alle Erstgeburt, was männlich ist unter den Kindern Israel, einen Monat alt und darüber, und nimm die Zahl ihrer Namen (auf).

(41) Und sollst die Leviten mir, dem HERRN, aussondern für alle Erstgeburt der Kinder Israel (gemeint ist: der Israeliten, die keine Leviten sind - der Verf.) und der Leviten Vieh für alle Erstgeburt unter dem Vieh der Kinder Israel.

(42) Und Mose zählte, wie ihm der HERR geboten hatte, alle Erstgeburt unter den Kindern Israel;

(43) und fand sich die Zahl der Namen aller Erstgeburt, was männlich war, einen Monat alt und darüber, in ihrer Summe zweiundzwanzigtausendzweihundertunddreiundsiebzig.

(44) Und der HERR redete mit Mose und sprach:

(45) Nimm die Leviten für alle Erstgeburt unter den Kindern Israel und das Vieh der Leviten für ihr Vieh, daß die Leviten mein, des HERRN, seien.

(46) Aber als Lösegeld von den zweihundertdreiundsiebzig Erstgeburten der Kinder Israel, die über der Leviten Zahl sind,

(47) sollst du je fünf Silberlinge nehmen von Haupt zu Haupt nach dem

Lot des Heiligtums (zwanzig Gera hat ein Lot)
(48) und sollst das Geld für die, so überzählig sind unter ihnen, geben Aaron und seinen Söhnen.
(49) Da nahm Mose das Lösegeld von denen, die über der Leviten Zahl waren,
(50) von den Erstgeburten der Kinder Israel, tausenddreihunderundfünfundsechzig Silberlinge nach dem Lot des Heiligtums,
(51) und gab's Aaron und seinen Söhnen nach dem Wort des HERRN, wie der HERR dem Mose geboten hatte.

4. Mose 3

Also: 22.273 Erstgeburten der Israeliten (die keine Leviten waren - Vers 43) minus 22.000 Leviten (Vers 39) ergibt 273 Erstgeburten der nicht-levitischen Israeliten, die die Zahl der Leviten überstiegen (Vers 46). Pro Kopf sollte Mose 5 Silberlinge kassieren, was 273 mal 5 gleich 1.365 Silberlinge ergibt (Vers 50). Das hatten die übersteigenden Erstgeburten der Israeliten für das Heiligtum zu zahlen - so hatten es der HERR und sein getreuer Knecht Mose ausgerechnet - ganz ohne Taschenrechner.

Mit Taschenrechner ergibt sich Folgendes:
Die Leviten bestanden - wie wir aus Moses Geschlechtsregister wissen (S. 42f) - aus drei Geschlechtern, die von den Levi-Söhnen Gerson, Kahath und Merari begründet wurden. Sie wurden von Mose und Aaron gezählt – und zwar mit folgenden Ergebnissen:

> (21) Dies sind die Geschlechter von Gerson: die Libniter und Simeiter.
> (22) Deren Summe war an der Zahl gefunden siebentausendfünfhundert, alles, was männlich war, einen Monat und darüber
> . . .
> (27) Dies sind die Geschlechter von Kahath: die Amramiten, die Jizhariten, die Hebroniten und die Usieliten,
> (28) was männlich war, einen Monat alt und darüber, an der Zahl achttausendsechshundert
> . . .
> (33) Dies sind die Geschlechter Meraris: die Maheliter und Musiter,
> (34) die an der Zahl waren sechstausendundzweihundert, alles, was männlich war, einen Monat und darüber.
> . . .

(39) Alle Leviten zusammen die Mose und Aaron zählten nach dem Wort des HERRN eitel Mannsbilder einen Monat alt und darüber, waren zweiundzwanzigtausend.

4. Mose 3

Mitnichten! 7.500 Gersoniter plus 8.600 Kahathiter plus 6.200 Merariter ergibt zusammen 22.300 Leviten. - Von der Zahl der Erstgeburten der nicht-levitischen Israeliten, nämlich 22.273, sollte die Zahl der Leviten abgezogen werden, so wie der HERR es Mose geboten hatte. Und das Ergebnis war - ebenfalls nach den Worten des HERRN - mit 5 Silberlingen zu multiplizieren.

Demnach: (Klammer auf) 22.273 Erstgeburten der nicht-levitischen Israeliten minus 22.300 Leviten (Klammer zu) mal 5 Silberlinge pro Person ergibt eine Zahlschuld von minus 135 Silberlingen. Eine negative Zahlschuld stellt aber in Wirklichkeit eine Forderung dar. Die Israeliten hätten sich demnach nicht mit einer Zahlungsverpflichtung in Höhe von 1.365 Silberlingen konfrontiert sehen müssen. Stattdessen hätten sie sich über ein Guthaben über 135 Silberlinge freuen können. Was schließen wir daraus? Man lese die Worte des HERRN stets mit wachem

Verstand und kritischem Blick, es könnte einen sonst teuer zu stehen kommen.

Dass die betroffenen Israeliten tatsächlich zahlen mussten, kann man ausschließen. Denn in den Worten des HERRN findet sich nicht nur ein Rechen-, sondern auch noch ein blamabler Denkfehler. Vers 49 der oben wiedergegebenen Bibelstelle lautet:

> Da nahm Mose das Lösegeld von denen, die über der Leviten Zahl waren.

Also ganz so, wie ihm der HERR geboten hatte (Vers 46 und 47). Aber wie könnte Mose das nur gemacht haben? - Nach der Kalkulation des HERRN gab es 273 mehr Erstgeburten bei den nicht-levitischen Israeliten als Leviten. Dieses einmal ungeprüft übernommen, ergibt sich die Frage: Wer von den 22.273 Individuen hat denn nun zu den 273 gehört, die angeblich die Zahl der Leviten überstiegen haben? Hätte Mose in einem Korb zehn Eier gehabt und in einem anderen neun, hätte er lange rätseln können, welches der zehn Eier denn nun dasjenige ist, das die Zahl der Eier in dem anderen Korb übersteigt. An welche Personen hätte sich Mose denn mit seiner Zahlungsaufforderung wenden können? Der HERR wusste es wohl selber nicht, jedenfalls hat er nichts gesagt. Und die Bibel schweigt, weil die eben auch nicht auf alles eine Antwort hat.

> Siehe, du hast Lust zur Wahrheit,
> die im Verborgenen liegt.
> Psalm 51,8

5. Kapitel

Man muss nicht lange grübeln, um darauf zu kommen, dass mit der Geschichte der Israeliten in Ägypten und deren Auszug etwas nicht stimmt. Es bieten sich verschiedene Lösungen an. Erste Erklärung: Der Autor des zweiten Mose-Buches hatte einen großen Becher Wein neben seinem Manuskript stehen, in den er - statt sich auf seinen Text zu konzentrieren - immer mal wieder zu tief hineingeschaut hat. Zweite Erklärung: Es haben an der Erzählung nicht einer sondern mehrere Autoren gewerkelt. Der erste hat die Mose-Geschichte mit der knappen Einleitung aufgeschrieben, die zu Anfang des dritten Kapitels wiedergegeben ist (S. 42). Später hat ein zweiter - in der festen Absicht, damit seine Glaubwürdigkeit zu erhöhen - das Abstammungsregister eingefügt, wenn auch an einer Stelle, an die es überhaupt nicht hin passt (S. 42 f). Und irgendwann danach kam ein dritter auf die Idee, die Geschichte mit Zahlenangaben auszuschmücken. In ihrem Eifer haben die Autoren Nummer zwei und drei nicht bemerkt, dass das alles so nicht mehr zusammen passt. Solche Unstimmigkeiten haben Hard-Core-Bibel-Fans natürlich nicht ruhen lassen. Das in dem Verlag R. Brockhaus in Wuppertal zunächst in neun und danach in erweiterter Fassung in weiteren vier Auflagen erschienene „Handbuch zur Bibel" (englischer Original-Titel: The Lion Handbook to the Bible) widmet den großen Zahlen in der Hebräischen Bibel einen eigenen Artikel. Darin wird über die Ergebnisse umfangreicher theologischer Forschungen berichtet. The Reverend John Wenham, der Autor des Artikels, führt in das Problem ein:

> Das Alte Testament nennt an manchen Stellen unglaublich hohe Zahlen. Oft hat man deshalb behauptet, sie seien frei erfunden und ein Beweis für die historische Unzuverlässigkeit der Bibel. Aber wer sollte solche einfach absurd hohen Zahlen erfunden haben? Würde ein halbwegs vernünftiger Mensch die Geschichte eines Busunglücks erfinden, bei dem 16.000 Insassen ums Leben gekommen sein sollen? Mit „Erfindung" lassen sich die hohen Zahlen nicht befriedigend erklären, und in der Tat ist es der Forschung in mühevoller Kleinarbeit gelungen, dieses verzwickte Problem

wenigstens teilweise zu lösen.

> The Lion Handbook to the Bible. Lion Publishing Tring, Herts, England. Deutsche Ausgabe als Handbuch zur Bibel, 8. Auflage, Wuppertal 1995, S.191

Was die theologische Forschung zutage gebracht hat, geht so: Die biblischen Schriften sind ursprünglich in einer reinen Konsonantenschrift aufgezeichnet worden. Ds wr n dr Rgl kn Prblm, wl mn sch mst s dm Zsmmnhng rschlßn knnt, wlch Vkl z nm Wrt ghrtn. Es führte jedoch zu Schwierigkeiten, wenn mehrdeutige Begriffe auftraten. Das in hebräischer Konsonantenschrift lautende Wort „lp" konnte für „eleph" oder auch für „alluph" stehen. Eleph bedeutet tausend und alluph u. a. voll bewaffneter Soldat. Damit wäre das Rätsel um die 600.000, die aus Ägypten auszogen, gelöst: Nicht 600 eleph sondern 600 alluph verließen das Land am Nil. Aber wie bei vielem in der Bibel wirft auch diese Lösung sofort neue Fragen auf. Erstens: Woher bekamen die unterdrückten israelitischen Fronarbeiter in Ägypten die vielen Waffen, um 600 Leute damit auszurüsten? Und zweitens: Zwei Jahre nach dem Auszug der 600.000 wurde noch einmal gezählt. Dabei kamen Aaron und Mose auf eine ähnliche Zahl.

(45) Und die Summe der Kinder Israel nach ihren Vaterhäusern, von zwanzig Jahren und darüber, was ins Heer zu ziehen taugte in Israel,
(46) war sechsmal hunderttausend und dreitausend fünfhundertundfünfzig.

4.Mose 1

Nach The Reverend Gordon Wenhams Erkenntnisfortschritten müsste es sich um 603 Soldaten gehandelt haben. Da bei Wenhams 603 Kriegern aber noch ein Rest von 550 bleibt, forschen wahrscheinlich irgendwo noch Theologen über der Frage, was man sich unter dem 0,55-fachen eines voll bewaffneten Soldaten vorzustellen hat.

*

Der Kern der Hebräischen Bibel sind die ersten fünf großen Abschnitte, die in den evangelischen Ausgaben als die fünf Bücher Mose bezeichnet werden und die in den katholischen Druckwerken und in der theologischen Literatur als Bücher mit den Titeln Genesis, Exodus, Levitikus, Numeri und Deuteronomium geführt werden (vgl. S. 11).

Das Buch Genesis („Schöpfung") beginnt mit der Erschaffung der Welt und endet mit der Geschichte von Josefs Karriere in Ägypten.

Das Buch Exodus („Auszug") handelt im Wesentlichen vom Auszug des Gottesvolkes aus Ägypten und der Wanderung zum Berg Sinai.

Das Buch Levitikus („levitisch") enthält die Gesetze für die levitischen Priester und Priesterhelfer.

Das Buch Numeri („Zahlen") gibt die Ergebnisse mehrerer Volkszählungen wieder und erzählt vom Aufbruch am Berg Sinai und dem Zug bis zum Ostjordanland.

Und das Buch Deuteronomium („zweites Gesetz") stellt eine Wiederholung dar, und zwar für die Zeit der Wüstenwanderung bis zu Moses Tod und der Ernennung seines Nachfolgers Josua.

Irgendein Mensch, der sich für besonders klug, zumindest für wohl inspiriert hielt, hat in dunklen Vorzeiten in die Welt gesetzt, Mose selbst sei der Autor dieser fünf Bücher gewesen, die im Judentum Tora („Das Gesetz") und in der christlichen Theologie auch Pentateuch genannt werden. Das griechische Wort pentateuchos steht für „fünf Behälter" - damit sind die Gefäße für die fünf Schriftrollen gemeint, auf denen die fünf Buchteile niedergeschrieben sind. - Moses Urheberschaft am Pentateuch ist schon in der Antike und dann im Mittelalter öfter in Zweifel gezogen worden. Das fünfte Buch Mose endet mit dem Tod von Mose und erzählt, wie er nach der Wüstenwanderung und nach Erreichen des Ostjordanlandes dort auf den Berg Nebo stieg, über das Jordantal hinweg die gegenüberliegenden Berge des Landes Kanaan, des Kerngebietes des Gelobten Landes, sehen konnte, wie er dann verschied und begraben wurde. Da ein Mensch schlecht über seine eigene Beerdigung berichten kann, hat man denn auch messerschaft geschlossen, dass Mose unmöglich der Urheber des Pentateuch gewesen sein könne. Das hat Glaubensfanatiker keineswegs in ihrer Ansicht erschüttert, und so kam als Gegenvotum, der Pentateuch sei sehr wohl von Mose verfasst werden, nur der letzte Abschnitt über seinen Tod sei von jemand anderem, aber keiner weiß von wem, hinzugefügt worden. Diejenigen, die sich in ihrem - zumindest ansatzweise - kritischen Denken nicht einlullen ließen, fanden jede Menge weiterer Unstimmigkeiten. Drei Beispiele mögen hier genügen.

Zur Erinnerung: Abraham kam aus der Stadt Ur am Euphrat in das nahe am Mittelmeer gelegene Land Kanaan (S. 45). Josef, einer der zwölf

Söhne Jakobs, ein Enkel Isaaks und ein Urenkel Abrahams, wurde von seinen Brüdern nach Ägypten verkauft. Dort erzählt er dem Mundschenk des Pharao:

> (15) Denn ich bin aus dem Lande der Hebräer heimlich gestohlen worden (vgl. S. 58); dazu habe ich auch allhier nichts getan, daß sie mich eingesperrt haben.
> 1. Mose 40

Das soll Mose, ein Urgroßneffe von Josef, später so aufgeschrieben haben. Aber nach den Erzählungen der Bibel gab es weder zu Josefs noch zu Moses Zeiten ein Land der Hebräer. Erst nach Moses Tod wurde Kanaan nach den vom Mose-Nachfolger Josua organisierten Eroberungen zum „Land der Hebräer".

Im fünften Buch Mose, Kapitel 3, Vers 8 ist zu lesen:

> So nahmen wir zu der Zeit den beiden Königen der Amoriter das Land j e n s e i t s des Jordans (Hervorhebung vom Verf.), von dem Fluss Arnon bis an den Berg Hermon.

Der da redet, ist Mose höchstpersönlich. Mit „wir" sind also Mose und seine Israeliten gemeint. Der Anführer hält eine Rückschau vor dem Gottesvolk und spricht vom Aufbruch am Berg Horeb. Das war, nachdem die Israeliten dort den HERRN mit ihren frisch gewaschenen Kleidern erwartet hatten. (Nach dem zweiten Buch Mose geschah das allerdings am Berg Sinai.) Und Mose erwähnt weiter den Zug durch die Wüste bis zur Ankunft im Ostjordanland.

Die beiden Könige der Amoriter, von denen Mose in dem obigen Bibelzitat spricht, sind der König Sihon von Hesbon und der König Og von Basan. Sihons Land erstreckte sich von Osten her bis an das Tote Meer und Basan befand sich weiter nördlich mit dem Jordan als Westgrenze. Der Berg Hermon, den Mose nennt, ist in Wirklichkeit eine etwa 20 Kilometer lange und bis zu 2.800 Meter hohe Bergkette des sogenannten Anti-Libanon-Gebirges, der die vier Quellflüsse des Jordan entspringen. Mose selbst, so sagt die Bibel, hat den Jordan nie überschritten. In seinem Rückblick hätte Mose also sagen müssen, sie hätten das Land d i e s s e i t s des Jordans genommen. Die als wörtliches Zitat wiedergegebene Aussage von Mose stellt also eine bewusste, wenn auch sehr plumpe Täuschung des Lesers dar - eine der vielen Stellen im Alten Testament, in der der Leser schon auf eine sehr dreiste Art und Weise verdummt werden soll.

Nach der Schilderung von Isaaks Tod (vgl. S. 52) hat jemand das Geschlechts-Register des Jakob-Bruders Esau und eine Liste der Könige der Edomiter, der Nachfahren von Esau, eingefügt:

> (31) Die Könige aber, die im Lande Edom regiert haben, ehe denn die Kinder Israel Könige hatten, sind diese: ...
> 1. Mose 36

Das kann nur jemand geschrieben haben, der von der Königszeit der Israeliten wusste. Und die begann nach biblischer Zeitrechnung etwa 350 Jahre nach Mose.

Trotz dieser und vieler anderer Ungereimtheiten gehörte das Theologem von Mose als göttlich inspiriertem Pentateuch-Verfasser bis ins 17. Jahrhundert zu den festen Glaubensgrundsätzen der christlichen Kirchen. Der Geist des HERRN, der das alles inspiriert haben soll, hatte wohl mehr als einmal den zeitlichen und geographischen Überblick verloren.

**

Schon lange war Sprachkundigen geläufig, dass im hebräischen Text des Pentateuch zwei Gottesbezeichnungen verwendet werden, nämlich Elohim und Jahwe. Elohim soll, so sagen die Experten für die alt-hebräische Sprache, am Besten übersetzt sein mit dem Begriff Gottheit, während Jahwe wie ein Eigenname steht. Die näheren Untersuchungen, die im 18. Jahrhundert begannen, führten zu der Erkenntnis, dass sich durch die ersten vier Bücher Mose, auch Tetrateuch genannt (tetra, griechisch: vier), zwei Erzählstränge ziehen, die ursprünglich voneinander unabhängig existiert haben müssen und die irgendwann irgendjemand mehr oder weniger geschickt miteinander verflochten hat. In dem einen steht durchgängig der Begriff Elohim, in dem anderen durchgängig Jahwe. Aus Stiluntersuchungen schloss man, dass es zwei Autoren gegeben haben müsse, die man den Elohisten und den Jahwisten genannt hat. Die Auffassung von den zwei Quellen, die in der Regel mit E und J abgekürzt werden, hat man als Urkunden-Hypothese, später als ältere Urkunden-Hypothese bezeichnet. Ihr lag die Vorstellung zugrunde, es habe zwei Urkunden gegeben, also zwei unbezweifelbare und nicht weiter hinterfragbare Schriftstücke, eben eine des Elohisten und eine des Jahwisten, aus denen dann das Buch Genesis, das erste Mosebuch, geschaffen worden sei.

In der Folgezeit ging man daran, diese literarkritischen Untersuchungen auf die anderen Teile des Tetrateuch auszudehnen. Dabei kam man bei der Analyse derjenigen Bibel-Texte, die gesetzliche Vorschriften zum Inhalt haben, zu einer ganz anderen Sicht. Diese gesetzlichen Passagen führten zu der Vorstellung, dass es eine größere Zahl von voneinander unabhängigen Texten mit ganz unterschiedlichen Umfängen gegeben habe. Und diese seien bei der Erstellung der Hebräischen Bibel eher willkürlich aneinandergereiht worden. Die Hebräische Bibel, so dachte man, sei aus einer größeren Zahl von Fragmenten zusammengestückelt worden. Von daher sprach man später von der Fragmenten-Hypothese. Danach gab es nicht einen elohistischen und einen jahwistischen Autor, sondern elohistische und jahwistische Autorengruppen.

Gegen die Fragmenten-Hypothese wurde schon in der ersten Hälfte des 19. Jahrhunderts ein gewichtiges Argument angeführt. In dieser Hypothese sei nicht hinreichend berücksichtigt worden, dass in den ersten vier Büchern Mose ein geschichtlicher Ablauf dargestellt sei (vgl. S. 93 f). Und diese zeitliche Abfolge könne sich nicht aus der planlosen Aneinanderfügung unterschiedlicher Fragmente ergeben haben. Entgegen den Annahmen, die der Fragmenten-Hypothese zugrunde liegen, müsse man davon ausgehen, dass es zunächst eine elohistische Schrift gegeben habe, die später durch eine größere Zahl von jahwistischen Textstücken ergänzt worden sei. Diese Vorstellung wurde als Ergänzungs-Hypothese bezeichnet.

In der zweiten Hälfte des 19. Jahrhunderts wurde die Ergänzungs-Hypothese jedoch wieder in Frage gestellt. Man kam darauf, dass es nicht eine elohistische Grundschrift gab, sondern dass man von zwei unterscheidbaren elohistischen Grundschriften ausgehen müsse (E1 und E2). Dazu sei eine jahwistische Quelle (J) vorhanden gewesen, außerdem habe es eine Priesterschrift (P) gegeben, die in den Bibeltext eingearbeitet worden sei. Das Ergebnis, wie es sich heute darstellt, habe eine Person oder eine Personengruppe bewirkt, die man als Redaktor (R) benannt hat. Damit war die Neuere Urkunden-Hypothese formuliert worden.

Zu Anfang des 20. Jahrhunderts kam man dann darauf, dass man von einer weiteren, der jahwistischen nahe stehenden Quelle ausgehen müsse, die auch als Laienquelle (L) oder Nomadenquelle (N) bezeichnet wurde. Nach diesem Ansatz entstand der Tetrateuch aus vier Ursprungsschriften: E, J, L und P. Und von diesen unabhängig gab es eine deuteronomische Quellschrift D des fünften Mosebuches. Diese Vermutung ist als Neueste Urkunden-Hypothese in die Literatur eingegangen.

Da man die Leider im irdischen Jammertal schlecht mit Hypothesen trösten kann, hat die alttestamentliche Theologie der letzten dreihundert Jahre in dem, was die Kirchen Woche für Woche verkünden, keinerlei Spuren hinterlassen. Die Fachleute für den richtigen Weg zum rechten Glauben, die Zeugen Jehovas, in Deutschland eine Körperschaft des öffentlichen Rechts, fanden angesichts der vielen, sie verwirrenden Hypothesen eine einfache Erklärung. Man stelle sich vor, verkünden sie, in ferneren Zeiten würde jemand ein Buch über die Zeit des zweiten Weltkriegs finden. Und darin sei etwas zu lesen über einen Mann namens Hitler, dann etwas über einen „Führer", schließlich etwas über einen deutschen Diktator. Dürfte dieser Leser daraus schließen, es habe sich um drei verschiedene Personen gehandelt? Also, alles Unsinn mit den Hypothesen. Es gibt nur eine Quelle der Bibel, das ist der Geist des HERRN, und es gab nur einen Menschen, der das Inspirierte niedergeschrieben hat, und das war Mose.

Nun gibt es in der Bibel eine Vielzahl sogenannter Dubletten. Damit sind Textstücke gemeint, die einen Sachverhalt oder eine Episode noch einmal schildern. Dabei handelt es sich meist nicht um wortgetreue Wiederholungen, vielmehr werden Gegebenheiten, Abläufe, Bezüge, Reihenfolgen anders dargestellt, und zwar oft so, dass sie sich schon rein logisch gegenseitig ausschließen. Eine solche Dublette findet sich in den Erzählungen von der Erschaffung der Welt.

Nach dem ersten Kapitel des ersten Mose-Buches hat der Weltenschöpfer erst die Pflanzen, dann die Tiere und zum Schluss die Menschen erschaffen. Im zweiten Kapitel liest sich das Schöpfungsgeschehen ganz anders. Danach entstanden zuerst der Mann, dann die Pflanzen, dann die Tiere und dann, weil noch etwas fehlte, zum krönenden Abschluss die Frau. Es geht hier nicht darum, dass nach den Ergebnissen der paläontologischen Forschungen beides Unsinn ist, sondern darum, dass die Vorstellung, das sei aus der Feder ein- und desselben Autors - also etwa des Mose - geflossen, zu einer weiteren Hypothese führt - nämlich zu der am Anfang dieses Kapitels bereits vorgestellten Weinbecher-Hypothese.

> Danket dem HERRN, denn er ist
> freundlich und seine Güte
> währet ewiglich.
> Psalm 106,1

6. Kapitel

Nachdem wir nun schon Näheres über den großen israelitischen Anführer Mose erfahren und auch über seinen Bruder Aaron einiges kennengelernt haben, ist es an der Reihe, sich einer weiteren Persönlichkeit zuzuwenden. Die Rede soll von Josua sein. Josua war nicht irgendwer. In einem „Who is who in der Hebräischen Bibel" wäre er sicherlich zu den fünf bedeutensten Akteuren zu zählen. Nach Moses Tod auf dem Berg Nebo im Ostjordanland übernahm er die Nachfolge, so wie es der HERR geboten hatte. Josua war es, der die Israeliten über den Jordan führte und das endlich erreichte Kanaan, das Gelobte Land, eroberte. Ohne Mose kein Auszug aus Ägypten - ohne Josua kein Einzug ins Gelobte Land.

Halten wir uns nicht weiter mit abschweifenden Vorreden auf. Kommen wir gleich zum Kern von Josuas Geschichte. Und den können wir am Besten erfassen, wenn wir lesen, wie Josua auf sein Werk zurückblickt. Am Ende seines Lebens hält er eine Rückschau und gemahnt seine Israeliten, dem HERRN für dessen

Werke zu danken. Nun hätte es für einen Israeliten viele Gründe geben können, seinem HERRN im Himmel Dank abzustatten. Dafür, dass er eine liebe Frau gefunden hat - dafür, dass er mit einer gesunden Kinderschar gesegnet wurde - dafür, dass seine vermehrungsfreudigen Schaf- und Ziegenherden seinen Reichtum mehrten - dafür, dass ihm getreue Knechte und Mägde zur Seite standen und dafür, dass er sich über reichliche Ernten, fleißige Sklaven und willige Sklavinnen freuen konnte. - Das alles hätte auch ein Grund zur Dankbarkeit sein können. Aber für Josua stand etwas anderes an erster Stelle.

(1) Und nach langer Zeit, da der HERR Israel zur Ruhe gebracht hatte vor allen ihren Feinden umher und Josua nun alt und wohl betagt war,
(2) berief er das ganze Israel, ihre Ältesten, Häupter, Richter und Amtleute, und sprach zu ihnen: Ich bin alt und wohl betagt,
(3) und ihr habt gesehen alles, was der HERR, euer Gott, getan hat an allen diesen Völkern vor euch her; denn der HERR, euer Gott, hat selber für euch gestritten.

(4) Sehet, ich hab euch diese noch übrigen Völker durchs Los zugeteilt, einem jeglichen Stamm sein Erbteil, vom Jordan an, und alle Völker, die ich ausgerottet habe, bis ans große Meer gegen der Sonne Untergang (gemeint ist das Mittelmeer - der Verf.).

(5) Und der HERR, euer Gott, wird sie ausstoßen vor euch und von euch vertreiben, daß ihr ihr Land einnehmet, wie euch der HERR, euer Gott, geredet hat.

(6) So seid nun sehr getrost, daß ihr haltet und tut alles, was geschrieben steht im Gesetzbuch Mose's, daß ihr nicht davon weichet, weder zur Rechten noch zur Linken,

(7) auf daß ihr nicht unter diese übrigen Völker kommet, die bei euch sind, und nicht gedenket noch schwöret bei dem Namen ihrer Götter noch ihnen dienet noch sie anbetet,

(8) sondern dem HERRN, euren Gott, anhanget, wie ihr bis auf diesen Tag getan habt.

(9) Der HERR hat vor euch vertrieben große und mächtige Völker, und

niemand hat euch widerstanden bis auf diesen Tag.

(10) Euer einer jagt tausend; denn der HERR, euer Gott, streitet für euch, wie er euch geredet hat.

(11) Darum so behütet aufs fleißigste eure Seelen, daß ihr den HERRN, euren Gott, liebhabet.

(12) Denn wenn ihr euch umwendet und diesen übrigen Völkern anhanget und euch mit ihnen verheiratet, daß ihr unter sie und sie unter euch kommen:

(13) so wisstet, daß der HERR, euer Gott, wird nicht mehr alle diese Völker vor euch vertreiben; sondern sie werden euch zum Strick und Netz und zur Geißel in euren Seiten werden und zum Stachel in euren Augen, bis daß er euch umbringe hinweg von dem guten Lande, das euch der HERR, euer Gott, gegeben hat.

Josua 23

Das ist nun die Botschaft dieses aufrechten und gottergebenen Mannes: Dankt dem HERRN und habt ihn lieb dafür, dass er euch geholfen hat, andere Völker auszurotten. Und: rottet die anderen aus, bevor die euch ausrotten.

Die Frage, die in diesem Zusammenhang aufkommt, ist natürlich die: Standen die Israeliten irgendwann einmal in der Gefahr, von anderen Völkern ausgerottet zu werden? Mangels zuverlässiger Überlieferung lässt sich das natürlich nicht abklären. Und deshalb muss die Frage eingegrenzt werden: Ist der Bibel zu entnehmen, dass eine solche Gefahr einmal bestenden hat?

Wie über so viele Ungereimtheiten in der „heiligen", oft genug jedoch sehr unheiligen Schrift, muss sich der Bibelleser auch hier doch sehr wundern. Wie war das noch mit der Eroberung des Gelobten Landes? Die Israeliten hatten sich in dem großenteils zum Land Moab gehörenden Ostjordanland festgesetzt. Mose war gerade gestorben und Josua wurde vom HERRN als Nachfolger eingesetzt – gestärkt mit den göttlichen Worten:

> (5) Es soll dir niemand widerstehen dein Leben lang. Wie ich mit Mose gewesen bin, also will ich auch mit dir sein. Ich will dich nicht verlassen noch von dir weichen.
> Josua 1

Um kein Risiko einzugehen, schickte Josua zwei Kundschafter über den Jordan in das gut acht Kilometer weiter gelegene Jericho. Die verbanden auf ihrem Ausflug das Angenehme mit dem Nützlichen und begaben sich zuerst einmal zu einer Hure. Rahab, so hieß die Madam, erzählte ihnen:

> (9) Ich weiß, dass der HERR euch das Land gegeben hat; denn ein Schrecken ist über uns gefallen vor euch, und alle Einwohner des Landes sind vor euch feig geworden.
> (10) Denn wir haben gehört, wie der HERR hat das Wasser im Schilfmeer ausgetrocknet vor euch her, da ihr aus Ägypten zoget, und was ihr den zwei Königen der Amoriter, Sihon und Og, getan habt (vgl. S. 96), wie ihr sie verbannt habt (gemeint ist: wie ihr an ihnen den Bann vollstreckt habt - der Verf.).
> (11) Und seit wir solches gehört haben, ist unser Herz verzagt und ist kein Mut mehr in jemand vor euch; denn der HERR, euer Gott, ist Gott oben im Himmel und unten auf Erden.
>
> Josua 2

Das ganze Land Kanaan zwischen Jordan und Mittelmeer lebt in Angst und Schrecken, weil sich herumgesprochen hatte, wie die anrückenden Israeliten mit denen umgingen, die sich ihnen in den Weg stellten, um ihren Besitz zu schützen. Und viele Jahre später dankt Josua rückblickend seinem HERRN im Himmel, dass der geholfen hat, diese verängstigten und verzagten Menschen auszurotten. An manchen Stellen wird die Bibel spannend.

*

Wer sich auf die Worte der Bibel verlässt, ist verlassen wie Jeftahs Tochter. Die Worte des Allwissenden machen nicht nur ratlos, wenn es - wie bei der Finanzierung der Stiftshütte - um elementare Rechenkünste geht. Auch bei Fragen von Recht und Moral wird der Leser zuweilen heftig irritiert.

> (1) Nach dem Tod Mose's, des Knechts des HERRN, sprach der HERR zu Josua, dem Sohn Nuns, Mose's Diener:
> (2) Mein Knecht Mose ist gestorben; so mache dich nun auf und zieh über diesen Jordan, du und dies ganze

Volk, in das Land, das ich ihnen, den Kindern Israel gegeben habe.
(3) Alle Stätten, darauf eure Fußsohlen treten werden, habe ich euch gegeben, wie ich Mose geredet habe.
(4) Von der Wüste an und diesem Libanon bis an das große Wasser Euphrat - das ganze Land der Hethiter - , und bis an das große Meer gegen Abend (gemeint ist das Mittelmeer - der Verf.), sollen eure Grenzen sein.

Josua 1

Wie bitte? Vom Euphrat bis zum Mittelmeer und von der Wüste bis zum Libanon? In diesem Gebiet lebten viele Völker. Darunter - östlich des Toten Meeres - die Edomiter, Moabiter und Ammoniter. Was es mit deren Ländern auf sich hatte, erfuhr Mose einst über seinen direkten Draht zum HERRN.

(2) Und der HERR sprach zu mir:
(3) . . . wendet euch gegen Mitternacht.
(4) Und gebiete dem Volk und sprich: Ihr werdet durch das Land eurer Brüder, der Kinder Esau (das sind die Edomiter - der Verf.) ziehen, die zu

Seir wohnen; und sie werden sich vor euch fürchten. Aber verwahret euch mit Fleiß,
(5) daß ihr sie nicht bekrieget; denn ich werde euch ihres Landes nicht einen Fußbreit geben; denn das Gebirge Seir habe ich den Kindern Esau zum besitzen gegeben.
5. Mose 2

Auch die Moabiter wurden vom HERRN bedacht.

(9) Du (gemeint ist Mose - der Verf.) sollst den Moabitern nicht Schaden tun noch sie bekriegen; denn ich will dir ihres Landes nichts zum Besitz geben, denn ich habe Ar den Kindern Lot zum Besitz gegeben.
5.Mose 2

Und die Ammoniter erhielten ebenfalls eine Besitz-Garantie. Der HERR zu Mose:

(18) Du wirst heute durch das Gebiet der Moabiter ziehen bei Ar
(19) und wirst nahe kommen gegen die Kinder Ammon. Denen sollst du nicht Schaden tun noch sie bekriegen; denn ich will dir des Landes der Kin-

der Ammon nichts zum Besitz geben; denn ich habe es den Kindern Lot zum besitzen gegeben.
>> 5.Mose 2

Nach der Genealogie der Bibel waren Moab (Stammvater der Moabiter) und Ben Ammi (Stammvater der Ammoniter) Söhne von Lot, einem Neffen Abrahams.

Mose anzuweisen, die Länder der Edomiter, Moabiter und Ammoniter zu schonen und deren Besitz zu respektieren und Josua zu erzählen, das Land vom Mittelmeer bis zum Euphrat „soll euer Gebiet sein" - die Worte des HERRN sind manchmal unerforschlich. - Oder doch erklärbar? Zu den Zeiten, in denen die biblischen Schriften entstanden, gab es noch keinen Erdkunde-Unterricht. Und so konnten die biblischen Autoren drauflos fabulieren, ohne dass es jemandem aufgefallen wäre.

* *

Wovon Rahab, die Hure von Jericho, Josuas Kundschaftern erzählte, von den Berichten über die Vollstreckung des Banns, war ohne Frage ein Grund zur Verzweiflung. Nachdem die Israeliten am Sinai aufgebrochen waren, kamen sie nach einiger Zeit in Kontakt mit den Truppen des Königs von Arad, der, wie die Bibel schreibt, im Südland von Kanaan wohnte, sich den Israeliten entgegenstellte und etliche von ihnen gefangen nahm.

> (2) Da gelobte Israel dem HERRN ein Gelübde und sprach: Wenn du dies Volk unter meine Hand gibst, so will ich an ihren Städten den Bann vollstrecken.
> (3) Und der HERR erhörte die Stimme Israels und gab die Kanaaniter (den Israeliten - der Verf.), und sie vollstreckten den Bann an ihnen und ihren Städten, und hießen die Stätte Horma (s. Anmerkung S.181).
> 4. Mose 21

Wenn der Allmächtige nach dem Angebot seines Volkes, den Bann zu vollstrecken, auf die Stimme Israels hört, dann muss es sich beim Bann wohl um etwas ganz besonders Gottgefälliges gehandelt haben.

Nun ist zunächst verständlich, dass sich die Israeliten auf ihrem Zug ins Gelobte Land nicht unnötig aufhalten lassen wollten. Der HERR selbst tat sein Bestes, dass sie ihr Ziel so schnell wie möglich erreichen konnten.

> (21) Und der HERR zog vor ihnen her, des Tages in einer Wolkensäule, daß er sie den rechten Weg führte, und des Nachts in einer Feuersäule, daß er ihnen leuchtete, zu reisen Tag und Nacht.
>
> 2.Mose 13

Tag und Nacht wandern? Warum es die Israeliten so eilig hatten, sagt uns das Deuteronomium:

> (10) Wenn dich nun der HERR, dein Gott, in das Land bringen wird, daß er deinen Vätern Abraham, Isaak und Jakob geschworen hat dir zu geben, große und feine Städte, die du nicht gebaut hast,
> (11) und Häuser, alles Guts voll, die du nicht gefüllt hast, und ausgehauene Brunnen, die du nicht ausgehauen hast, und Weinberge und Ölbäume, die du nicht gepflanzt hast, daß du essest und satt werdest;
> (12) so hüte dich, daß du nicht des HERRN vergessest, der dich aus

Ägyptenland, aus der Knechtschaft, geführt hat; ...
5. Mose 6

Um zu ernten, was man nicht gesät hat, dafür hat es sich natürlich gelohnt, auch einmal einen Nachtmarsch einzulegen.

Nachdem der König von Arad und seine Mannen aus dem Südland von Kanaan erledigt waren, kam Sihon dran, der Amoriter-König, der in Hesbon östlich der Jordan-Mündung residierte.

> (24) Israel aber schlug ihn mit der Schärfe des Schwerts und nahm sein Land ein vom Arnon bis an den Jabbok und bis zu den Ammonitern ...
> (25) Also nahm Israel alle diese Städte und wohnte in allen Städten der Amoriter, zu Hesbon und in allen seinen Ortschaften.
> (26) Denn Hesbon war die Stadt Sihons, des Königs der Amoriter ...
> 4. Mose 21

Das Deuteronomium stellt klar, dass die Israeliten keine halben Sachen machten.

(31) Und der HERR sprach zu mir (zu Mose – der Verf.): Siehe, ich habe angefangen dahinzugeben vor dir Sihon mit seinem Lande; hebt an, einzunehmen und zu besitzen sein Land.
(32) Und Sihon zog aus, uns entgegen, mit allem seinem Volk zum Streit gen Jahza.
(33) Aber der HERR, unser Gott, gab ihn dahin vor uns, daß wir ihn schlugen mit seinen Kindern und seinem ganzen Volk.
(34) Da gewannen wir zu der Zeit alle seine Städte und vollstreckten den Bann an allen Städten, Männern, Weibern und Kindern und ließen niemand übrigbleiben.
(35) Allein das Vieh raubten wir für uns und die Ausbeute der Städte, die wir gewannen.

5. Mose 2

Die Israeliten wollten natürlich nicht im Land des Königs Sihon bleiben. Also zogen sie weiter, bis ihnen alsbald der König von Basan mit seinen Soldaten entgegenkam.

(2) Aber der HERR sprach zu mir (zu Mose – der Verf.): Fürchte dich nicht

vor ihm, denn ich habe ihn und all sein Volk mit seinem Lande in deine Hände gegeben; und du sollst mit ihm tun, wie du mit Sihon, dem König der Amoriter getan hast, der zu Hesbon saß.

(3) Also gab der HERR, unser Gott, auch den König Og von Basan in unsre Hände mit allem seinem Volk, daß wir ihn schlugen, bis daß ihm nichts übrigblieb.

(4) Da gewannen wir zu der Zeit alle seine Städte (und war keine Stadt, die wir ihm nicht nahmen): sechzig Städte, die ganze Gegend Argob, das Königreich Ogs von Basan.

(5) Alle diese Städte waren fest mit hohen Mauern, Toren und Riegeln, außer sehr vielen anderen Flecken ohne Mauern.

5. Mose 3

Das Heer von Og zu besiegen und alle Städte einzunehmen, war nicht genug. Die Israeliten wollten ihren HERRN im Himmel nicht enttäuschen. Und so machten sie weiter.

(6) Und wir vollstreckten den Bann an ihnen, gleich wie wir mit Sihon,

dem König zu Hesbon, taten. An allen Städten vollstreckten wir den Bann, an Männern, Weibern und Kindern.
(7) Aber alles Vieh und den Raub der Städte raubten wir für uns.

5. Mose 3

Was es bedeutet hatte, den Bann zu vollstrecken, wissen wir schon aus der Geschichte von Sihon: einen nach dem anderen umlegen - selbstverständlich auch Frauen und Kinder - bis keiner mehr übrig bleibt. - Die Israeliten wollten über den Jordan nach Kanaan, ins Gelobte Land. In der Stadt Hesbon und in den Städten der Umgebung wollten sie nur vorübergehend zu einer Rast bleiben. Wieso hätte es da nicht genügt, das feindliche Heer des Königs Sihon zu besiegen, die Städte einzunehmen und nach einer erholsamen Pause weiterzuziehen? Warum musste da noch der Bann vollstreckt und warum mussten noch alle Frauen und Kinder umgebracht werden? Und wieso kam es zum Streit mit dem König Og von Basan?

Die Stadt Hesbon lag auf Höhe der Jordan-Mündung, gut zwanzig Kilometer östlich des Flusses. Jericho, das nächste Ziel, befand sich auf der gegenüberliegenden Seite, etwa acht Kilometer westlich des Mündungsgebietes. Statt sich nun nach Westen zu wenden, um in Richtung Jericho weiterzukommen, zogen die Israeliten nach Norden. Original-Ton Mose:

> (1) Und wir wandten uns und zogen hinauf den Weg nach Basan. Und Og, der König von Basan, zog aus, uns entgegen, mit allem seinem Volk, zu streiten bei Edrei.
> 5. Mose 3

Edrei lag, glaubt man Bibelforschern, fast einhundert Kilometer nördlich von Hesbon. Statt also die zwanzig Kilometer nach Westen zum Jordan zu ziehen, um in das auf der anderen Flussseite beginnende Gelobte Land zu gelangen, sind die Israeliten - noch unter der Führung von Mose - rund einhundert Kilometer nach Norden gewandert und haben bei der Stadt Edrei, einer der beiden Residenzen des Königs Og, diesen geschlagen, der übrigens - nach der Darstellung der Bibel - erst ausrückte, nachdem die Israeliten von Hesbon aus den Schwenk nach Norden vollzogen hatten. - Weil das Gottesvolk seinen HERRN im Himmel nicht enttäuschen wollte, hatte es nach dem militärischen Sieg das ganze Volk von Basan bis zum jüngsten Säugling ausgerottet, bevor es, mit reicher Beute gesegnet, den einhundert Kilometer langen Rückweg nach Süden antrat - um dann den Zug in Richtung Westen, ins Gelobte Land, fortzusetzen.

Das kann glauben, wer will. Hier soll es nicht darum gehen, welchen Darstellungen in der Bibel historische Ereignisse zugrunde liegen und welchen nicht, sondern darum, welche Ideologien in diesen Darstellungen zum Ausdruck kommen.

* * *

Josua, so erfahren wir aus dem elften Kapitel des vierten Mose-Buches, diente Mose von seiner Jugend an. Obwohl er kein Levit war - er kam aus dem Stamm Ephraim - , wird er im zweiten Mose-Buch sogar als „Diener und Jünger" des Mose genannt (2. Mose 33, 11). Und das fünfte Mose-Buch weiß noch mehr:

> (9) Josua aber, der Sohn Nuns, ward erfüllt mit dem Geist der Weisheit; denn Mose hatte seine Hände auf ihn gelegt. Und die Israeliten gehorchten ihm und taten, wie der HERR dem Mose geboten hatte.
> 5. Mose 34

Dieser Mann der Weisheit zog mit seinen Israeliten über den Jordan ins Gelobte Land. Und da konnte er zeigen, welcher Geist in ihm steckte und was er von seinem großen Lehrmeiste Mose gelernt hatte.

Zuerst ging es nach Jericho.

> (20) Da machte das Volk ein Feldgeschrei, und man blies Posaunen. Denn als das Volk den Hall der Posaunen hörte, machte es ein großes Feldgeschrei. Und die Mauern fielen um, und das Volk erstieg die Stadt, ein jeglicher stracks vor sich hin. Also gewannen sie die Stadt
> (21) und vollstreckten den Bann an allem, was in der Stadt war, mit der Schärfe des Schwerts: an Mann und Weib, jung und alt, Ochsen, Schafen und Eseln.
>
> Josua 6

Nur die Hure Rahab blieb am Leben, weil sie Josuas Kundschaftern so bereitwillig Auskunft gegeben hatte, und auch ihre Angehörigen kamen ebenfalls unversehrt davon. - Weiter ging es zur Stadt Ai. Auch dort: Eroberung und Bann.

(25) Und alle, die des Tages fielen, beide, Männer und Weiber, waren zwölftausend, alles Leute von Ai.
(26) Josua aber zog nicht wieder zurück seine Hand, mit der er die Lanze ausgereckt hatte, bis der Bann vollstreckt war an allen Einwohnern Ais.
(27) Nur das Vieh und den Raub der Stadt teilte Israel unter sich nach dem Wort des HERRN, das er Josua geboten hatte.

Josua 8

Zweimal mit göttlicher Hilfe so exzellent den Bann vollstreckt, da gab es einen Grund zum Feiern und zum Danken.

(30) Da baute Josua dem HERRN, dem Gott Israels, einen Altar auf dem Berge Ebal
(31) wie Mose, der Knecht des HERRN, geboten hatte den Kindern Israel, wie geschrieben steht im Gesetzbuch Mose's: einen Altar von ganzen Steinen, die mit keinem Eisen behauen waren, und opferte dem HERRN darauf Brandopfer und Dankopfer.

Josua 8

Das wird den HERRN im Himmel weiß Gott erfreut haben.

****

Erst zwei Städte erobert und erst zweimal den Bann vollstreckt - es gab noch viel zu tun. Von Gilgal aus, dem ersten Lager der Israeliten nach der Jordan-Überquerung, ging es nach Makkeda. Josua eroberte es

> (28) ... und schlug es mit der Schärfe des Schwerts, dazu seinen König, und vollstreckte den Bann an der Stadt und an allen Seelen, die darin waren, und ließ niemand übrigbleiben und tat dem König zu Makkeda, wie er dem König zu Jericho getan hatte.
>
> Josua 10

Das nächste Ziel war Libna.

> (30) Und der HERR gab dieses auch in die Hand Israels mit seinem König; und er schlug es mit der Schärfe des Schwerts und alle Seelen, die darin waren, und ließ niemand darin übrigbleiben und tat mit seinem König,

wie er mit dem König zu Jericho getan hatte.

Josua 10

Von Libna zogen Josua und seine Israeliten weiter nach Lachis

> (31) ... und belagerten und bestritten es.
> (32) Und der HERR gab Lachis auch in die Hände Israels, daß sie es des andern Tags gewannen und schlugen es mit der Schärfe des Schwerts und alle Seelen, die darin waren, allerdinge wie sie Libna getan hatten.
>
> Josua 10

Fünfmal den Bann vollstreckt, dem HERRN - der ja ausdrücklich versichert hatte, von Josuas Seite so wenig zu weichen wie er von Mose gewichen war (S. 109) - sei's gepriesen und gedankt mit einem „Jauchzet und frohlocket!"

> (34) Und Josua zog von Lachis samt dem ganzen Israel gen Eglon und belagerte und bestritt es
> (35) und gewann es desselben Tages und schlug es mit der Schärfe

> des Schwerts und vollstreckte den
> Bann an allen Seelen, die darin
> waren, desselben Tages, allerdinge
> wie er Lachis getan hatte.
>> Josua 10

Von Eglon zogen die Israeliten hinauf nach Hebron.

> (36) Darnach zog Josua hinauf samt
> dem ganzen Israel von Eglon gen
> Hebron und bestritt es
> (37) und gewann es und schlug es mit
> der Schärfe des Schwerts und seinen
> König mit allen seinen Städten und
> alle Seelen, die darin waren, und ließ
> niemand übrigbleiben, allerdinge wie
> er Eglon getan hatte, und voll-
> streckte den Bann an der Stadt und
> an allen Seelen, die darin waren.
>> Josua 10

War es nun genug mit dem segensreichen Wirken der Nachfahren Abrahams (S. 50)? Noch lange nicht.

> (38) Da kehrte Josua wieder um samt
> dem ganzen Israel gen Debir und be-
> stritt es

(39) und gewann es samt seinem König und alle seine Städte; und schlug es mit der Schärfe des Schwerts und vollstreckte den Bann an allen Seelen, die darin waren, und ließ niemand übrigbleiben. Wie er Hebron getan so tat er auch Debir und seinem König, und wie er mit Libna und seinem König getan hatte.

(40) Also schlug Josua alles Land auf dem Gebirge und gegen Mitttag und in den Gründen und an den Abhängen mit allen ihren Königen und ließ niemand übrigbleiben und vollstreckte den Bann an allem, was Odem hatte, wie der HERR, der Gott Israels, geboten hatte.

(41) Und er schlug sie von Kades-Barnea an bis gen Gaza und das ganze Land Gosen bis gen Gibeon

(42) und gewann alle diese Könige mit ihrem Lande auf einmal; denn der HERR, der Gott Israels, stritt für Israel.

(43) Und Josua zog wieder ins Lager gen Gilgal mit dem ganzen Israel.

Josua 10

Was die Israeliten im Südland von Kanaan vollbrachten, von Jericho bis Debir achtmal den Bann vollstreckt, das sprach sich bis in den Norden, bis in die Stadt Hazor, nördlich des Sees Genezareth, herum. Deren König mobilisierte die Könige der umliegenden Städte und sandte Hilferufe

> (3) ... zu den Kanaanitern gegen Morgen und Abend, den Amoritern, Hethitern, Pheresitern und Jebusitern, auf dem Gebirge, dazu den Hewitern unten am Berge Hermon, im Lande Mizpa.
> (4) Diese zogen aus mit allem ihrem Heer, ein großes Volk, so viel als des Sandes am Meer, und sehr viel Rosse und Wagen.
> (5) Alle diese Könige versammelten sich und kamen und lagerten sich zuhauf an das Wasser Merom, zu streiten mit Israel.
> Josua 11

Das hätten sie besser gelassen. Die Israeliten mit dem HERRN des Himmels auf ihrer Seite

> (8) ... schlugen sie und jagten ihnen nach gen Groß-Sidon und bis an die

warmen Wasser und bis an die Ebene Mizpa gegen Morgen und schlugen sie.

Josua 11

Hui, da flogen die Hufe! Aus der biblischen Erzählung hört man heraus, wie die Erde bebte. Und wie die Israeliten auf ihren Eseln - sie hatten ja keine Pferde - mit Volldampf den mit Rossen bespannten feindlichen Kampfwagen hinterher preschten.

> (11) Und sie schlugen alle Seelen, die darin waren (in der Stadt Hazor – der Verf.), mit der Schärfe des Schwerts und vollstreckten den Bann an ihnen und er ließ nichts blieb übrigbleiben, das Odem hatte ...
> (12) Dazu gewann Josua alle Städte dieser Könige mit ihren Königen und schlug sie mit der Schärfe des Schwerts und vollstreckte den Bann wie Mose, der Knecht des HERRN geboten hatte.
>
> Josua 11

Insgesamt 31 Könige zählt die Bibel auf, die von Josua niedergemacht wurden. Wievielmal insgesamt der Bann vollstreckt wurde, lässt sich der Bibel nicht entnehmen. Der Autor des Josua-Buches hatte wohl den Überblick verloren.

> (23) Also nahm Josua alles Land ein, allerdinge wie der HERR zu Mose geredet hatte, und gab es Israel zum Erbe, einem jeglichen Stamm sein Teil. Und der Krieg hörte auf im Lande.
> Josua 11

Halleluja!

> HERR, leite mich in deiner
> Gerechtigkeit um meiner
> Feinde Willen.
> Psalm 5,9

7. Kapitel

Der scheußlichste Teil der an Abscheulichkeiten so überreichen Bibel ist das einunddreißigste Kapitel des vierten Buches Mose. Es soll deshalb hier vollständig wiedergegeben werden.

> (1) Und der HERR redete mit Mose und sprach:
> (2) Räche die Kinder Israel an den Midianitern, daß du darnach dich sammelst zu deinem Volk.
> (3) Da redete Mose mit dem Volk und sprach: Rüstet unter euch Leute zum Heer wider die Midianiter, daß sie den HERRN rächen an den Midianitern,
> (4) aus jeglichem Stamm tausend, daß ihr aus allen Stämmen Israels in das Heer schickt.
> (5) Und sie nahmen aus den Tausenden Israels je tausend eines Stammes, zwölftausend gerüstet zum Heer.
> (6) Und Mose schickte sie mit Pinehas, dem Sohn Eleasars, des Priesters,

ins Heer und die heiligen Geräte und die Halltrompeten in seiner Hand.

(7) Und sie führten das Heer wider die Midianiter, wie der HERR dem Mose geboten hatte, und erwürgten alles, was männlich war.

(8) Dazu die Könige der Midianiter erwürgten sie samt ihren Erschlagenen, nämlich Evi, Rekem, Zur, Hur und Reba, die fünf Könige der Midianiter. Bileam, den Sohn Beors, töteten sie auch mit dem Schwert. (s. Anmerkung S.181)

(9) Und die Kinder Israel nahmen gefangen die Weiber der Midianiter und ihre Kinder; all ihr Vieh, all ihre Habe und alle ihre Güter raubten sie,

(10) und verbrannten mit Feuer alle ihre Städte ihrer Wohnung und alle Zeltdörfer.

(11) Und nahmen allen Raub und alles, was zu nehmen war, Menschen und Vieh,

(12) und brachten's zu Mose und zu Eleasar, dem Priester, und zu der Gemeinde der Kinder Israel, nämlich die Gefangenen und das genommene Vieh und das geraubte Gut ins Lager

auf der Moabiter Gefilde, das am Jordan liegt gegenüber Jericho.

(13) Und Mose und Eleasar, der Priester, und alle Fürsten der Gemeinde gingen ihnen entgegen, hinaus vor das Lager.

(14) Und Mose ward zornig über die Hauptleute des Heeres, die Hauptleute über tausend und über hundert waren, die aus dem Heer und Streit kamen,

(15) und sprach zu ihnen: Warum habt ihr alle Weiber leben lassen?

(16) Siehe, haben nicht dieselben die Kinder Israel durch Bileams Rat abwendig gemacht, daß sie sich versündigten am HERRN über dem Peor und eine Plage der Gemeinde des HERRN widerfuhr?

(17) So erwürgt nun alles, was männlich ist unter den Kindern, und alle Weiber, die Männer erkannt und beigelegen haben;

(18) aber alle Kinder, die weiblich sind und nicht Männer erkannt haben, die laßt für euch leben. (Anmerkung des Verfassers: aus diesem Vers läßt sich nicht schließen, dass die Israeliten pädophil waren. Mit dem

Term: „alle Kinder, die weiblich sind"
ist gemeint: alle Mädchen und jungen
Frauen)
(19) Und lagert euch draußen vor
dem Lager sieben Tage, alle, die jemand erwürgt oder die Erschlagene
angerührt haben, daß ihr euch entsündigt am dritten und siebenten
Tage, samt denen, die ihr gefangen
genommen habt.
(20) Und alle Kleider und alles Gerät
von Fellen und alles Pelzwerk und alles hölzerne Gefäß sollt ihr entsündigen.
(21) Und Eleasar, der Priester, sprach
zu dem Kriegsvolk, das in den Streit
gezogen war: Das ist das Gesetz, welches der HERR dem Mose geboten
hat:
(22) Gold, Silber, Erz, Eisen, Zinn
und Blei
(23) und alles, was das Feuer leidet,
sollt ihr durchs Feuer gehen lassen
und reinigen; nur daß es mit dem
Sprengwasser entsündigt werde. Aber
alles, was nicht Feuer leidet, sollt ihr
durchs Wasser gehen lassen.
(24) Und sollt eure Kleider waschen
am siebenten Tage, so werdet ihr rein;

darnach sollt ihr ins Lager kommen.

(25) Und der HERR redete mit Mose und sprach:

(26) Nimm die Summe des Raubes der Gefangenen, an Menschen und an Vieh, du und Eleasar, der Priester, und die obersten Väter der Gemeinde;

(27) und gib die Hälfte denen, die ins Heer ausgezogen sind und die Schlacht getan haben, und die andere Hälfte der Gemeinde.

(28) Du sollst aber dem HERRN heben von den Kriegsleuten, die ins Heer gezogen sind, je von fünfhunderten eine Seele, an Menschen, Rindern, Eseln und Schafen.

(29) Von ihrer Hälfte sollst du es nehmen und dem Priester Eleasar geben zur Hebe des HERRN.

(30) Aber von der Hälfte der Kinder Israel sollst du je ein Stück von fünfzigen nehmen, an Menschen, Rindern, Eseln und Schafen und von allem Vieh, und sollst es den Leviten geben, die des Dienstes warten an der Wohnung des HERRN.

(31) Und Mose und Eleasar, der

Priester, taten, wie der HERR dem Mose geboten hatte.

(32) Und es war die übrige Ausbeute, die das Kriegsvolk geraubt hatte, sechsmal hundert und fünfundsiebzigtausend Schafe,

(33) zweiundsiebzigtausend Rinder,

(34) einundsechzigtausend Esel

(35) und der Mädchen, die nicht Männer erkannt hatten, zweiunddreißigtausend Seelen.

(36) Und die Hälfte, die denen, so ins Heer gezogen waren, gehörte, war an der Zahl dreihundertmal und siebenunddreißigtausend und fünfhundert Schafe;

(37) davon wurden dem HERRN sechshundertfünfundsiebzig Schafe.

(38) Desgleichen sechsunddreißigtausend Rinder; davon wurden dem HERRN zweiundsiebzig.

(39) Desgleichen dreißigtausend und fünfhundert Esel; davon wurden dem HERRN einundsechzig.

(40) Desgleichen Menschenseelen, sechzehntausend Seelen; davon wurden dem HERRN zweiunddreißig Seelen.

(41) Und Mose gab solche Opfergabe für den HERRN dem Priester Eleasar, wie ihm der HERR geboten hatte.

(42) Aber die andere Hälfte, die Mose den Kindern Israel zuteilte von den Kriegsleuten,

(43) nämlich die Hälfte, der Gemeinde zuständig, war auch dreihundertmal und siebenunddreißigtausendfünfhundert Schafe,

(44) sechsunddreißigtausend Rinder,

(45) dreißigtausend und fünfhundert Esel,

(46) und sechzehntausend Menschenseelen.

(47) Und Mose nahm von dieser Hälfte der Kinder Israel je ein Stück von fünfzigen sowohl des Viehs als der Menschen, und gab's den Leviten, die des Dienstes warteten an der Wohnung des HERRN, wie der HERR dem Mose geboten hatte.

(48) Und es traten herzu die Hauptleute über die Tausende des Kriegsvolks, nämlich die über tausend und über hundert waren, zu Mose

(49) und sprachen zu ihm: Deine Knechte haben die Summe genommen der Kriegsleute, die unter unsern Händen gewesen sind, und fehlt nicht einer.

(50) Darum bringen wir dem HERRN Geschenke, was ein jeglicher gefunden hat von goldenem Geräte, Ketten, Armgeschmeide, Ringe, Ohrenringe und Spangen, daß unsre Seelen versöhnt werden vor dem HERRN.

(51) Und Mose samt dem Priester Eleasar nahm von ihnen das Gold von allerlei Geräte.

(52) Und alles Goldes Hebe, daß sie dem HERRN hoben, war sechzehntausend und siebenhundertundfünfzig Lot von den Hauptleuten über tausend und hundert.

(53) Denn die Kriegsleute hatten geraubt ein jeglicher für sich.

(54) Und Mose mit Eleasar, dem Priester, nahm das Gold von den Hauptleuten über tausend und hundert, und brachten es in die Hütte des Stifts zum Gedächtnis der Kinder Israel vor dem HERRN.

Wann die Geschichte spielt, verrät uns gleich der zweite Vers. Es ist der letzte Auftrag, den Mose vor seinem Tod vom HERRN erhielt. Die Israeliten waren von ihrem Ausflug in das Land Basan, wo sie so mörderisch gewütet hatten, glücklich zurückgekehrt (S. 121) und richteten sich in ihrem Lager „im Jordantal der Moabiter" ein. Von dort aus starteten sie zu einem Rachefeldzug gegen die Midianiter (Vers 2). Midian, so wissen wir aus dem dritten Kapitel, war der vierte Sohn von Abraham und dessen zweiter Frau Ketura (S. 47).

Hier haben wir den einzigen Textabschnitt der Bibel vor uns, in dem ausführlich die Beute eines Feldzuges und deren Verteilung aufgelistet werden. Wer bekam was und wie viel? Von der gesamten Beute an Menschen und Vieh ging die eine Hälfte an die „Kriegsleute" (Vers 28), „die ... die Schlacht getan haben" (Vers 27), und die andere Hälfte war für die ganze Gemeinde bestimmt (Vers 27), womit wohl diejenigen gemeint waren, die nicht in den Kampf gezogen sind, denn die Kriegsleute gehörten ja auch zur Gemeinde. Von den beiden Beuteanteilen waren Abgaben zu leisten. Aus der Hälfte, die die Gemeinde bekam, waren „je ein Stück von fünfzigen" sowohl von Vieh als auch von Menschen abzusondern. Und Mose „gab's den Leviten"

(Vers 47), wie es der HERR geboten hatte (Vers 30). Ob die Leviten mit diesem fünfzigstel Anteil zufrieden waren, oder ob sie lange Gesichter gemacht haben, weiß man nicht. Denn ursprünglich hatte der HERR ihnen „alle Zehnten gegeben in Israel zum Erbgut für ihr Amt das sie an der Stiftshütte ausüben" (4. Mose 18,21 - vgl. auch S. 14). - Von der anderen Hälfte der Beute war - ebenfalls nach dem Wort des HERRN (Vers 28) - ein fünfhundertstel Teil abzugeben. Und diese Abgabe war bestimmt für Eleasar (Vers 28, 29), den Sohn und Nachfolger des längst verstorbenen Oberpriesters Aaron.

Was sollte der oberste Priester Eleasar mit dieser Abgabe machen? - Wenn man heute das Wort Priester hört oder liest, denkt man vielleicht an einen freundlichen Herrn mit randloser Brille und gepflegtem Haarkranz, der einen mit sanfter Stimme und weichem Händedruck begrüßt. Würde ein levitischer Priester heute auftauchen, hätten wir es mit einem ganz anderen Typus zu tun - mit einem Mann mit der Statur eines Profi-Boxers, in Gummistiefeln und Latzhose, in der Linken ein Hackebeil und in der Rechten ein Schlachtermesser. Denn die erste Aufgabe der Priester war das Opfern: nach den Opfergesetzen, die Mose vom Allerhöchsten mitgeteilt bekam - sei das nun am Berg Sinai geschehen, wie es im zweiten Mose-Buch steht, sei es am Berg Horeb gewesen, wie das fünfte Buch Mose behauptet. Nur die Priester durften die Opferhandlung vollziehen, und nur Aarons Nachfahren wurden Priester. Die Leviten bestanden, wie wir aus Moses Abstammungsregister wissen, aus drei Geschlechtern, die von den Levi-Söhnen Gerson, Kahath und Merari begründet wurden (S. 42). Der älteste Sohn von Kahath war der Vater von Aaron und Mose. Aaron und seine Nachfahren wurden durch Geburt zu Priestern bestimmt, die Nachfahren Kahaths, die nicht von Aaron abstammten, bekamen andere Jobs.

> (1) Und der HERR redete mit Mose und Aaron und sprach:
> (2) Nimm die Summe der Kinder Kahath aus den Kindern Levi nach ihren Geschlechtern und Vaterhäusern,
> (3) von dreißig Jahren an und darüber bis ins fünfzigste Jahr, alle, die zum Dienst taugen, daß sie tun die Werke in der Hütte des Stifts.
> (4) Das soll aber das Amt der Kinder Kahath in der Hütte des Stifts sein: was das Hochheilige ist.
>
> 4. Mose 4

Also: Die Leviten, die von dem Kahathiter Aaron abstammten, wurden Priester. Die Leviten aus dem Geschlecht der Kahathiter, die nicht von Aaron abstammten, hatten den Dienst am Hochheiligen zu versehen. Und die Leviten, die nicht von Kahath abstammten, die Gersoniter und Merariter, hatten - sozusagen als Fußvolk - die sonstigen Dienste am Zeltheiligtum zu verrichten. Mit dieser Bestimmung hatte der Allwissende wohl einer Personalknappheit am Heiligtum vorbeugen wollen. Doch da hatte der HERR aber zu vorsorglich gedacht. Denn 23.000 Leviten hatten Mose und der Priester Eleasar „im Jordantal der Moabiter" gezählt. Selbst bei einem kommoden Schichtbetrieb und einer hohen Rate an Krankmeldungen hätten sich die Männer in dieser großen Zahl - beim Dienst an und in der einschließlich Vorhof gerade einmal 50 mal 100 Ellen großen Stiftshütte - nur gegenseitig auf die Füße getreten, ohne zu einem annehmbaren Ergebnis ihrer dienstlichen Bemühungen zu gelangen. - Eleasar, so bleibt festzuhalten, war also der ranghöchste derjenigen Leviten, die allein für die Opferhandlungen zuständig waren.

Wenn nun einerseits gemäß Vers 30 die Leviten einen Anteil von einem Fünfzigstel an der

Beute erhielten und andererseits ein Anteil von einem Fünfhundertstel an den obersten Priester Eleasar ging, dann muss der Zweck der letzteren Partie so wörtlich verstanden werden, wie er in Vers 41 formuliert wird:

> Und Mose gab diese Abgabe als Opfergabe dem Priester Eleasar, wie ihm der HERR geboten hatte.

Was das heißt, haben wir schon in der Geschichte von Jeftah und seiner Tochter erfahren: Das Blut ringsum an den Altar sprengen und das Fett an den Nieren und an den Eingeweiden in Rauch aufgehen lassen „zum süßen Geruch für den HERRN" (siehe auch die Anmerkung S. 181). - 32 junge Menschen als Opfergabe für den HERRN, das ergab knapp zweihundert Liter Blut. Mit dieser Menge hätten die Priester nicht nur den Altar, sondern das ganze Lager der Israeliten besprengen können. Und bei so viel Fett von Nieren und Eingeweiden muss der HERR im Himmel wohl tagelang mit einem süßen Geruch verwöhnt worden sein.

*

Was für Menschen waren es, die die Israeliten zur Beute gemacht hatten? Mose wusste genau, was er wollte - was der Einfachheit halber hier noch einmal wiederholt wird:

> (14) Und Mose wurde zornig über die Hauptleute des Heeres, die Hauptleute über tausend und über hundert, die aus dem Feldzug kamen
> (15) und sprach zu ihnen: Warum habt ihr alle Frauen leben lassen?
> ...
> (17) So tötet nun alles, was männlich ist unter den Kindern, und alle Frauen, die nicht mehr Jungfrauen sind;
> (18) aber alle Mädchen, die unberührt sind, die laßt für euch leben.

32.000 Mädchen, „die nicht von Männern berührt waren" (Vers 35) standen zur Verteilung an. Davon 16.000 minus die 32 für den Priester Eleasar, also 15.968 für die 12.000 Kriegsleute, das hatte sich gelohnt. Bezüglich der anderen Hälfte, den 16.000 Jungfrauen abzüglich der 320 (gleich ein fünfzigstel für die Leviten) für 601.730 Mann, die zuletzt gezählt worden waren, da wird es wohl manche Rangelei gegeben haben.

Hinsichtlich der anderen Beute, die zur Verteilung anstand, kann man sich kurz fassen.

675.000 Schafe, 72.000 Rinder und 61.000 Esel (Vers 32 – 34), das ergibt nach den groben Regeln der Viehwirtschaft fast 400.000 Großvieheinheiten. Bei extensiver Weidewirtschaft auf oft steppen- und wüstenartigen Böden würde man da 2 Millionen Hektar gleich 20.000 Quadratkilometer benötigen. Das wäre weitaus mehr als die gesamte Fläche des Gelobten Landes Kanaan ausgemacht hat. Dieses Land war nach der so erfolgreichen Ausrottung der Midianiter sofort frei geworden. Aber die Israeliten interessierten sich nicht dafür. Sie wollten von den Midianitern die Jungfrauen und von den Kanaanitern die Ölbäume und Weinberge, die sie nicht gepflanzt hatten (S. 116).

* *

Womit hatten die Midianiter sich das alles eingebrockt? Zu Vers 3, in dem Mose zur Rache an ihnen aufruft, gibt es eine Vorgeschichte. Die Israeliten waren aus dem im Norden gelegenen Land Basan nach erfolgreich vollstrecktem Bann zurückgekehrt

> (1) ... und lagerten sich in das Gefilde Moab jenseits des Jordans, gegenüber Jericho.

> (2) Und Balak, der Sohn Zippors, sah alles, was Israel getan hatte den Amoritern (S. 117 ff);
> (3) und die Moabiter fürchteten sich sehr vor dem Volk, das so groß war, und den Moabitern graute vor den Kindern Israel.
> (4) Und sie sprachen zu den Ältesten der Midianiter: Nun wird dieser Haufe auffressen, was um uns ist, wie ein Ochse Kraut auf dem Felde auffrißt. Balak aber, der Sohn Zippors, war zu der Zeit König der Moabiter.
>
> 4.Mose 22

Da dürften die Moabiter noch nicht ganz auf dem Laufenden gewesen sein. Hat der König Balak, der das alles gesehen haben soll, nicht so genau hingeschaut? Alles abfressen - damit hätte man ja vielleicht noch fertig werden können. Aber den Bann zu vollstrecken, das war doch wohl von einer anderen Qualität. - Wie dem auch sei, die Ältesten der Moabiter und die Ältesten der Midianiter packten eine Menge Geld ein und begaben sich in die Stadt Petor am Euphrat, gut 1.200 Kilometer östlich des Landes Moab. Dort suchten sie den Seher und Wahrsager Bileam auf und überbrachten ihm vom König Balak eine Bitte.

> (6) So komm nun und verfluche mir das Volk (der Israeliten – der Verf.), denn es ist mir zu mächtig; ob ich's schlagen möchte und aus dem Land vertreiben; denn ich weiß, daß, welchen du segnest, der ist gesegnet, und welchen du verfluchst, der ist verflucht.
>
> 4. Mose 22

Bileam konnte sich nicht gleich entscheiden und antwortete den Ältesten:

> (8) ... Bleibt hier über Nacht, so will ich euch wieder sagen, wie mir der HERR sagen wird. Also blieben die Fürsten der Moabiter bei Bileam. (9) Und Gott kam zu Bileam und sprach: Wer sind die Leute, die bei dir sind?
>
> 4.Mose 22

Wie soll man sich das nun wieder vorstellen? Der Weltenschöpfer hatte in seiner Welt gerade einmal nichts zu tun, in seinem auserwählten Volk gab es auch nichts Besonderes, da hat er sich gedacht: Ach, ich schaue mal rüber nach Mesopotamien, mal hören, was es bei dem Wahrsager Bileam Neues gibt. Der Allwissende ist neugierig und fragt den Seher Bileam: „Wer sind die Leute, die bei dir sind?" - Hatten die Bibel-Schreiberlinge eine ganz besondere Art von Humor? Oder haben wir hier eine weitere Textstelle vor uns, bei der die schon angesprochene Weinbecher-Hypothese aufzugreifen wäre?

Bileam erklärte dem HERRN über Himmel und Erde, mit welchem Ansinnen Balaks Boten zu ihm gekommen waren.

> (12) Gott aber sprach zu Bileam: Geh nicht mit ihnen, verfluche das Volk (der Israeliten – der Verf.) auch nicht; denn es ist gesegnet.
> 4. Mose 22

Ein bemerkenswertes göttliches Wort, das erging, nachdem das gesegnete Gottesvolk das Volk von Basan auf so segensreiche Art und Weise ausgerottet hatte.

Nachdem die Ältesten unverrichteter Dinge wieder abgereist waren und nach ihrer Rückkehr dem König Balak von ihrem Misserfolg berichtet hatten, wollte der nicht einfach aufgeben und sandte „noch mehr und noch mächtigere Fürsten, als jene waren" zu dem Seher am Euphrat.

Nachdem der Wahrsager ein zweites Mal abgelehnt hatte,

> (20) . . . kam Gott des Nachts zu Bileam und sprach zu ihm: Sind die Männer gekommen, dich zu rufen, so mache dich auf und zieh mit ihnen; doch was ich dir sagen werde, das sollst du tun.
> 4. Mose 22

So zog Bileam mit Balaks Fürsten und machte sich - im Lande Moab angekommen - sogleich an seine Arbeit. Dreimal hintereinander ließ er sich jeweils sieben Altäre bauen, um darauf Stiere und Widder zu opfern. Und jedesmal, wenn er mit seinen Sprüchen anheben wollte, griff der HERR ein „und gab ihm das Wort in den Mund". Und heraus kam statt eines Fluchs über die Israeliten ein Segenswort. Das gefiel dem HERRN. Weshalb der sich auch in besonderer Weise erkenntlich zeigte:

> (2) . . . Und der Geist Gottes kam auf ihn (auf Bileam – der Verf.).
> 4.Mose 24

Auf diese Weise erlangte der mesopotamische Wahrsager übernatürliche Fähigkeiten und konnte einen Blick in die Zukunft werfen.

> (17) Ich sehe ihn, aber nicht jetzt; ich schaue ihn, aber nicht von nahe. Es wird ein Stern aus Jakob aufgehen und ein Zepter aus Israel aufkommen und wird zerschmettern die Fürsten der Moabiter und verstören alle Kinder des Getümmels.
> (18) Edom wird er einnehmen, und Seir wird seinen Feinden unterworfen sein; Israel aber wird Sieg haben ...
> 4. Mose 24

Das war zu viel für Balak. Und so endet die Geschichte.

> (25) Und Bileam machte sich auf und zog hin und kam wieder an seinen Ort, und Balak zog seinen Weg.
> 4. Mose 24

Der Geist Gottes auf dem Wahrsager Bileam. Der hat dem Seher vom Euphrat letztlich wenig geholfen. In den Versen 7 und 8 des oben wiedergegebenen einunddreißigsten Kapitels lesen wir:

> (7) Und sie führten das Heer wider die Midianiter, wie der HERR dem Mose geboten hatte, und erwürgten alles, was männlich war.
> (8) Dazu die Könige der Midianiter erwürgten sie samt ihren Erschlagenen, nämlich Ewi, Rekem, Zur, Hur und Reba, die fünf Könige der Midianiter. Bileam, den Sohn Beors, töteten sie auch mit dem Schwert.
> 4. Mose 31

Auch Bileam getötet? Warum denn das? Den Grund erfahren wir so ganz nebenbei dort, wo Mose seine „Hauptleute des Heeres" anherrscht:

> (15) Warum habt ihr alle Frauen (der Midianiter – der Verf.) leben lassen?
> (16) Siehe, haben nicht diese die Israeliten durch Bileams Rat abwendig gemacht, daß sie sich versündigen am HERRN durch den Baal-Peor, sodaß der Gemeinde des HERRN eine Plage widerfuhr?
> 4. Mose 31

Nanu! Was für einen Rat hat Bileam den midianitischen Frauen erteilt? In der Bileam-Geschichte, die in den Kapiteln 22 bis 24 des vierten Mosebuches niedergeschrieben ist, findet sich dazu kein Wort. Ganz im Gegenteil, dort erteilt Bileam niemandem Ratschläge, sondern er gibt nur die Worte von sich, die der HERR in seinen Mund gegeben hat.

> (5) Der HERR aber gab das Wort dem Bileam in den Mund und sprach: Geh zurück zu Balak und sprich so!
> (6) Und als er zu ihm kam, siehe, da stand er bei seinem Brandopfer samt allen Fürsten der Moabiter.
> (7) Da hob Bileam an mit seinem Spruch und sprach: Aus Aram hat mich Balak, der König der Moabiter, holen lassen von dem Gebirge im Osten: Komm, verfluche mir Jakob! Komm, verwünsche Israel!
> (8) Wie soll ich fluchen, dem Gott nicht flucht? Wie soll ich verwünschen, den der HERR nicht verwünscht?
> 4. Mose 23

Das war für Balak eine herbe Enttäuschung und so startete er einen zweiten Anlauf, um doch noch eine Verfluchung des Volkes Israel zu erreichen.

> (14) Und er (Balak - der Verf.) führte ihn (Bileam - der Verf.) zum Späherfeld auf den Gipfel des Pisga und baute sieben Altäre und opferte auf jedem Altar einen jungen Stier und einen Widder.
> (15) Und Bileam sprach zu Balak: Tritt zu deinem Brandopfer, ich aber will dort dem HERRN begegnen.
> (16) Und der HERR begegnete Bileam und gab ihm das Wort in seinen Mund und sprach ...
>
> 4. Mose 23

Weil Bileam zur vollsten Zufriedenheit seines HERRN im Himmel gesprochen hatte, kam dann, wie bereits erwähnt, die besondere Auszeichnung:

> (2) Und der Geist Gottes kam auf ihn.
>
> 4. Mose 24

Das war doch etwas! Welcher normale Mensch könnte schon von sich behaupten, vom Geist Gottes erfasst zu sein? Da hätte selbst mancher der Theologen, die die Worte der Bibel inbrünstig verkünden, so seine Schwierigkeiten. Der Geist des HERRN auf Bileam und die Worte des HERRN aus dem Mund des Sehers - das muss uns neugierig machen. Wenn Mose im einunddreißigsten Kapitel Bileams Rat an die midianitischen Frauen als todeswürdiges Verbrechen darstellt, dann ergibt sich die brennende Frage: Hat Bileam die midianitischen Frauen aufgehetzt, bevor oder nachdem der Geist Gottes auf ihn gekommen war?

War es vorher, dann können Bileams Hetzworte - die im Übrigen nirgendwo festgehalten worden sind - für den himmlischen HERRN nur eine Lappalie gewesen sein. Warum sonst hätte der HERR den Seher seines Geistes teilhaftig werden lassen? Und war es nachher, dann bleibt die Frage, warum der arme Bileam sein Leben aushauchen musste, nachdem - wie wir noch sehen werden - der Allwissende offensichtlich Unsinn von sich gegeben hat. - Es soll dem Leser überlassen bleiben, mit welcher der im fünften Kapitel erwähnten Hypothesen einer Klärung näher zu kommen ist.

* * *

Wir sind immer noch auf der Suche nach einer Erklärung, warum die Midianiter - bis auf die 32.000 unberührten Mädchen und jungen Frauen - ausgerottet werden mussten. Und was hatten die midianitischen Frauen überhaupt angestellt?

Das 24. Kapitel des 4. Mose-Buches endet damit, dass sich die Wege des Königs Balak und des Sehers Bileam trennen und letzterer in seine Heimat aufbricht. Das folgende Kapitel beginnt mit einer neuen Geschichte.

> (1) Und Israel lagerte sich in Schittim. Da fing das Volk an zu huren mit den Töchtern der Moabiter;
> (2) die luden das Volk zu den Opfern ihrer Götter. Und das Volk aß und betete ihre Götter an.
> (3) Und Israel hängte sich an den Baal-Peor. Da entbrannte der Zorn des HERRN über Israel
> (49 und er sprach zu Mose: Nimm alle Oberen des Volkes und hänge sie vor dem HERRN auf im Angesicht der Sonne, damit sich der grimmige Zorn des HERRN von Israel wende.
> (5) Und Mose sprach zu den Richtern Israels: Töte ein jeder seine Leute, die sich an den Baal-Peor gehängt haben.

Damit endet die Geschichte und es folgt eine

weitere Episode.

> (6) Und siehe, ein Mann aus Israel kam und brachte unter seine Brüder eine Midianiterin vor den Augen des Mose und der ganzen Gemeinde der Israeliten, die da weinten vor der Tür der Stiftshütte.
>
> (7) Als das Pinehas sah, der Sohn Eleasers, des Sohnes des Priesters Aaron, stand er auf aus der Gemeinde und nahm einen Spieß in seine Hand (8) und ging dem israelitischen Mann nach in die Kammer und durchstach sie beide, den israelitischen Mann und die Frau, durch ihren Leib. Da hörte die Plage auf unter den Israeliten.
>
> 4. Mose 25

Worum geht es eigentlich? Die Israeliten - alle? – ließen sich von den Töchtern der Moabiter verführen. Das hätte der HERR vielleicht noch hingenommen. Aber als sie sich bei den Opferfesten auch noch an den Baal-Peor hängten, war es mit der Nachsicht des Allerhöchsten vorbei.

Ein Baal galt im Vorderen Orient, in der Gegend um das Tote Meer herum, als ein lokaler Gott, gebunden an eine Stadt oder an eine Region, in der ein Berg ein zentrales Heiligtum aufwies. Etwas vereinfacht: Ein Baal war ein Allmächtiger auf Kreisebene. Der Baal-Peor, von dem in Vers 3 die Rede ist, ist dem Bibel-Leser nicht unbekannt. Nachdem der König Balak den Seher Bileam in seinem Lande Moab begrüßen konnte, versuchte er dreimal, Bileam zu einem Fluch über die Israeliten zu bewegen. Als Erstes führte der König den Wahrsager zum Bamot-Baal, dann auf den Gipfel Pisga, schließlich auf den Berg Peor.

> (28) Und er (Balak) führte ihn auf die Höhe des Berges Peor, welcher gegen die Wüste sieht.
> (29) Und Bileam sprach zu Balak: Baue mir hier sieben Altäre und schaffe mir sieben Farren (junge Stiere – der Verf.) und sieben Widder.
> 4. Mose 23

Wem allein können die Opferungen auf dem Berg Peor gegolten haben? Dem Baal-Peor. Der HERR hatte also nichts dagegen einzuwenden, dass Bileam zusammen mit Balak dem Baal-Peor opferte, mehr noch, er zeichnete Bileam anschließend dadurch aus, dass er seinen Geist auf den Seher kommen ließ. Schauen wir, wie es in dem oben angeführten 25. Kapital weitergeht.

> (10) Und der HERR redete mit Mose und sprach:
> (11) Pinehas, der Sohn Eleasers, des Sohnes des Priesters Aaron, hat meinen Grimm von den Israeliten gewendet durch seinen Eifer um mich, daß ich nicht in meinem Eifer die Israeliten vertilge.
> (11) Darum sage: Siehe, ich gebe ihm meinen Bund des Friedens,
> (12) und dieser Bund soll ihm und seinen Nachkommen das ewige Priestertum zuteilen, weil er für seinen Gott geeifert und für die Israeliten Sühne geschaffen hat.
> 4. Mose 25

Pinehas' Danksagung für dieses göttliche Vertrauen ist in der Bibel nicht festgehalten worden. Oder hat Pinehas überhaupt nichts gesagt und sich im Stillen nur gewundert? Denn das, was ihm der HERR als Belohnung so feierlich übertragen hat, das ewige Priestertum für ihn und seine Nachkommen, das hatte der Allwissende doch längst seinem Großvater Aaron und allen dessen Nachkommen - also auch dem

Pinehas - zugewiesen, als er auf dem Berg Sinai dem Mose die Zehn Gebote verkündete und die Gesetze und die Anweisung zum Bau der Stiftshütte bekannt gab.

> (1) Du (gemeint ist Mose – der Verf.) sollst Aaron, deinen Bruder, und seine Söhne zu dir herantreten lassen aus der Mitte der Israeliten, daß er mein Priester sei, er und seine Söhne Nadab, Abihu, Eleasar und Itamar.
> (2) Und du sollst Aaron, deinem Bruder heilige Kleider machen, die herrlich und schön seien,
> (3) und sollst reden mit allen, die sich darauf verstehen, die ich mit dem Geist der Weisheit erfüllt habe, daß sie Aaron Kleider machen zu seiner Weihe, daß er mein Priester sei.
> ...
> (43) Und Aaron und seine Söhne sollen sie (die Kleider – der Verf.) anhaben wenn sie in die Stiftshütte gehen oder hinzutreten zum Altar, um im Heiligtum zu dienen, damit sie keine Schuld auf sich laden und sterben müssen. Das soll für ihn und sein Geschlecht nach ihm eine ewige Ordnung sein. 2. Mose 25

Sei's drum, Pinehas! Vielleicht hat sich der Allmächtige auch nur gedacht: Doppelt ewig hält besser als nur einmal endlos.

* * * *

Fassen wir die Missetaten zusammen, die den Midianitern vorgeworfen werden. Zuerst zu den Ältesten. Die hatten sich zusammen mit den Ältesten der Moabiter im Auftrag des Moabiter-Königs Balak zu dem am Euphrat wohnenden Wahrsager Bileam begeben, um diesen für eine Verfluchungsaktion zu gewinnen - vergeblich, wie der Bibel zu entnehmen ist. - Dann die Midianiterin Kosbi, die sich bei der Frage: „Gehen wir zu mir oder zu dir?" entschloss, dem Israeliten Simri nach Schittim zu folgen, wo das Gottesvolk Quartier gemacht hatte. Als die beiden in einer Kammer verschwanden, ging ihnen Pinehas mit einem Spieß hinterher und durchstach sie beide, wofür er vom Allwissenden mit etwas belohnt wurde, was ihm und seinen Nachfahren vom HERRN längst zugewiesen war, nämlich mit dem ewigen Priestertum. - Und dann war da noch Bileam. Von dem wird im oben wiedergegebenen Kapitel nebenbei erwähnt, dass er getötet wurde und an anderer Stelle erläutert, warum. Durch seinen Rat hätten die midianitischen Frauen die Israeliten „abwendig" gemacht (Vers 16), wovon in den Kapiteln 22 bis 24, die die Bileam-Geschichte erzählen, jedoch nirgendwo die Rede ist. Dabei konnten wir nicht abklären, ob Bileam die ungehörigen Ratschläge erteilt hat, bevor oder nachdem der Geist des HERRN auf ihn gekommen war.

Wer mit diesem mageren Recherche-Ergebnis unzufrieden ist, sollte noch einmal im 25. Kapitel (wir sind immer noch im vierten Mose-Buch) nachschauen.

> (16) Und der HERR redete mit Mose und sprach:
> (17) Tut den Midianitern Schaden und schlagt sie,
> (18) denn sie haben euch Schaden getan mit ihrer List, die sie gegen euch geübt haben durch den Peor und durch ihre Schwester Kosbi, die Tochter eines Obersten der Midianiter, die erschlagen wurde am Tag der Plage, die um des Peor willen kam.
> 4. Mose 25

Die Tochter eines midianitischen Obersten verschwindet mit einem Israeliten in einer Kammer. Und nachdem beide getötet wurden –

nach Vers 18 erschlagen, nach Vers 8 mit einem Spieß durchbohrt - soll diese unzüchtige und bereits gesühnte Tat mit ein Grund für einen Völkermord gewesen sein? Das kann der HERR doch wohl nicht im Ernst gemeint haben.

Stichwort „Peor" und Stichwort „Plage". Die führen uns zu dem bereits weiter oben wiedergegebenen Anfang des Kapitels.

> (1) . . . Und das Volk hob an zu huren mit der Moabiter Töchtern,
> . . .
> (3) Und Israel hängte sich an den Baal-Peor. Da entbrannte des HERRN Zorn über Israel, . . .
> 4. Mose 25

Sollten die midianitischen Frauen für etwas verantwortlich gemacht worden sein, was sich tatsächlich die Töchter der Moabiter haben zuschulden kommen lassen? Das ist eine Frage an alttestamentliche Experten. Das im fünften Kapitel herangezogene „Handbuch zur Bibel" klärt auf:

> Moabiter . . . Midianiter:
> der Wechsel der Benennungen klingt verwirrend. In der späten Patriar-

chenzeit überlappte sich der Gebrauch der Bezeichnungen Midianiter, Ismaeliter, Medaniter, Moabiter.
Handbuch zur Bibel, s. d., S. 194

Moabiter, Midianiter ... Moabiterinnen, Midianiterinnen - egal. Hauptsache: ausrotten.

> Der HERR ist Gott,
> der uns erleuchtet..
> Psalm 118, 27

8. Kapitel

Wer jetzt für die Midianiter eine Gedenkminute einlegen will, der sollte erst einmal weiterlesen. Auf das fünfte Buch Mose folgt das Buch Josua, mit dem wir uns im sechsten Kapitel befasst haben. Und auf das Buch Josua folgt das Buch der Richter, dessen Erzählungen unmittelbar an die Zeit nach Josuas Tod anknüpfen und auf das wir bereits in den beiden ersten Kapiteln gestoßen waren. Das sechste Kapitel des Richterbuches setzt uns unvermittelt in Erstaunen.

> (1) Und da die Kinder Israel übel taten vor dem HERRN, gab sie der HERR unter die Hand der Midianiter sieben Jahre.
> (2) Und da der Midianiter Hand zu stark ward über Israel, machten die Kinder Israel für sich Klüfte in den Gebirgen und Höhlen und Festungen.
> (3) Und immer, wenn Israel etwas säte, so kamen die Midianiter und Amalekiter und die aus dem Morgenlande herauf über sie

(4) und lagerten sich wider sie und verderbten das Gewächs auf dem Lande bis hinan gen Gaza und ließen nichts übrig von Nahrung in Israel, weder Schafe noch Ochsen noch Esel.
(5) Denn sie kamen herauf mit ihrem Vieh und Hütten wie eine große Menge Heuschrecken, daß weder sie noch ihre Kamele zu zählen waren, und fielen ins Land, daß sie es verderben.

Richter 6

Da sind sie wieder, die Midianiter, von denen die Bibel vorher lang und breit erzählt hat, dass sie alle, Männer, Frauen und Kinder - mit Ausnahme der 32.000 Jungfrauen - , von den Israeliten vollständig ausgerottet worden sind. Das ist auch deshalb verblüffend, weil in alttestamentlichen Zeiten die Auferstehung von den Toten noch nicht erfunden war.

Die Midianiter und ihre vielen Kamele. Ganze Theologen-Generationen müssen darüber geforscht haben.

Die Midianiter, ein Beduinenvolk aus dem Osten, überschwemmen das

südliche Israel bis zur Philisterstadt Gaza. Wie furchterregend das Auftreten dieser Kamelreiter war, zeigt ...
> Handbuch zur Bibel, s.d., S. 222

Midian (Midianiter)
... Nach der Landnahme kam es zu Einfällen der wegen ihrer Kamele gefürchteten M. in Palästina ...
> Reclams Bibellexikon, herausgegeben von Klaus Koch u. a., Stuttgart 1978, S. 334

Midian, Midianiter
Charakteristisch für die M., die als Karawanenführer auf den Wüstenstraßen nach Ägypten (Gen 37,28.36 37,25.27f) und Palästina (Num 10,31) dienten, sind im AT ihre Kamele ...
> Herbert Haag, Biblisches Wörterbuch, Freiburg im Breisgau, 1994 / 2011, S. 282

Merkwürdig: Bei ihrem Feldzug gegen die Midianiter erbeuteten die Israeliten - nach dem, was die Bibel aufzählt - insgesamt 808.000 Tiere (S. 138), darunter als Lasttiere 61.000 Esel und - nicht ein einziges Kamel.

Die Midianiter und ihre gefährlichen Frauen, auf die der Autor des vierten Mosebuches so schlecht zu sprechen war. Woher kamen die überhaupt? Ein Land Midian hat es nach den Befunden der Archäologen tatsächlich gegeben - östlich des Golfs von Akaba, gegenüber dem südlichen Teil der Sinai-Halbinsel. Von dort bis zum Ostjordanland sind es gut 250 Kilometer. Die midianitischen Frauen müssten sich also nach den Ausführungen der Bibel auf eine mehrtägige Reise - größtenteils durch Wüstengebiete - begeben haben, um sich an die israelitischen Männer ranmachen zu können. Und wozu der ganze Aufwand? Um die Israeliten zu Anhängern des ostjordanischen Lokalgottes Baal-Peor zu machen (S. 135). Noch mehr Konfusion geht nicht.

*

Natürlich gab es keinen Gott, der - was man aus den Darstellungen der Bibel schließen müsste - an Schizophrenie in fortgeschrittenem Stadium litt. Der einerseits seinem auserwählten Volk durch Mose erklärte, dass ihm Menschenopfer ein Greuel seien -
denn

> (31) . . . sie (die anderen Völker - der Verf.) haben ihren Göttern getan alles, was dem HERRN ein

Greuel ist und was er haßt, denn sie
haben auch ihre Söhne und Töchter
mit Feuer verbrannt ihren Göttern.
5. Mose 12

- der aber andererseits - schon nachdem ihm
Jeftah ein Menschenopfer in Aussicht gestellt
hatte - dem gottergebenen Richter mit vorauseilendem Dank im Kampf gegen die Ammoniter
alle nur mögliche Hilfe angedeihen ließ (1. Kapitel).

Es gab auch keinen Gott, dem es gefallen
hatte, einen Massenmörder wie Levi zum Begründer eines Priesterstamms zu machen (S. 57).
Kein Gott hat jemals eine Kleiderwäsche mitten
in der Wüste angeordnet (S. 76). Und kein Allwissender hat sich jemals bei der Finanzierungskalkulation der Stiftshütte verrechnet (S. 82 ff).
Erst recht gab es keinen Allmächtigen und Allgütigen, der zu einer Serie von Völkermorden
aufgefordert hat (6. Kapitel). Und wir liegen
auch nicht falsch, wenn wir konstatieren, dass
kein göttliches Wesen jemals bestimmt und gebilligt hat, von 32.000 Jungfrauen 32 zu opfern
und die anderen als Sex-Beute zu verteilen. -
Wie konnte so viel Unfug in eine „heilige"
Schrift geraten und dann auch noch zum Bestandteil eines Kanons werden?

In der alttestamentlichen Theologie gab es hierzu auffallend wenig Forscher-Neugier. Und dennoch: Man hat sich bei dem Bemühen, Licht in das Dunkel dieser ominösen Schriftensammlung zu bringen, nicht damit begnügt, eine Hypothese nach der anderen aufzustellen, wie im fünften Kapitel stark verkürzt dargestellt wurde. Die literarkritischen Methoden, die zu einer Quellenscheidung führen sollten, brachten zumindest bis jetzt keinen Aufschluss über das Zustandekommen dieses wirren und verwirrenden Sammelsuriums konfuser literarischer Ergüsse.

Einen Fortschritt in der Analyse biblischer Schriften brachte eine alttestamentliche Forschungs-(?)-Richtung, die zu Beginn des zwanzigsten Jahrhunderts unter der Bezeichnung „formgeschichtliche Methode" auf sich aufmerksam machte. Das Resultat dieses Ansatzes: Was in der Bibel über die Zeit vor dem König Salomo steht, sind Sagen und Märchen. Erst für die Schilderungen der Geschehnisse ab Salomo (vermutete Regierungszeit etwa 970 bis 930 v. Chr.) könne man von zuverlässigen Überlieferungen ausgehen. Auch hinter diese Aussage müsste man sofort ein großes Fragezeichen setzen. Denn während der König David, der Vater von Salomo, als Begründer des ersten größeren israelitischen Reiches laut Bibel vom HERRN mit dreißig Frauen belohnt wurde, konnte Salomo die Auszeichnung seines Vorgängers noch mühelos toppen. Nach der Bibel war er mit siebenhundert Haupt- und dreihundert Nebenfrauen gesegnet. Es steht aber nirgendwo, wer die alle einmal gezählt hat.

**

In nicht mehr näher bestimmbaren Vorzeiten muss ein Israelit eine ihn bewegende Beobachtung gemacht haben. Er muss bemerkt haben, dass sich Fehlbildungen, etwa von Gliedmaßen, oder die Disposition zu bestimmten Krankheiten vererben. Um das in seinem Bild von der Welt unterbringen zu können, muss er geschlossen haben, da sei göttliches Wirken geschehen. Wenn Kinder ähnlichen Gebrechen ausgesetzt waren wie ihre Eltern, dann - so muss er gemeint haben - deswegen, weil sich die Eltern eines schweren Vergehens schuldig gemacht haben. Und diese Verfehlung sei vom Allmächtigen so sehr bestraft worden, dass sich die Strafe noch auf die Kinder und Kindeskinder ausgewirkt habe.

> (5) Denn ich, der HERR, dein Gott, bin ein eifernder Gott, der die Misse-

tat der Väter heimsucht bis ins dritte und vierte Glied an den Kindern derer, die mich hassen.

2. Mose 20

Man braucht nicht viel Fantasie, um sich vorzustellen, zu welch heißen Diskussionen eine solche Weltsicht geführt hat. Denn natürlich gab es zu allen Zeiten Bösewichte, nach deren Verfehlungen - und seien sie auch noch so schwer gewesen - in keiner Weise ein göttliches Eingreifen erkennbar war. Manche Vergehen sollten also bis zu den Kindern, Enkeln oder gar Urenkeln verfolgt werden, und andere - auch wenn sie weit schwerer waren - überhaupt nicht. Es dürfte nicht allzu lange gedauert haben, bis das Theologem von der göttlichen Verfolgung auch der Kinder und Kindeskinder als obsolet angesehen wurde.

Die Abkehr von der Vorstellung einer Verfolgung bis ins dritte und vierte Glied führte zu einem ganz neuen Rechtsverständnis, das in dem sogenannten Talionsgesetz zum Ausdruck kam. Danach kann ein Mensch nur für das bestraft werden, was er und nur er zu verantworten hat. Und die Strafe muss der Schwere des angerichteten Schadens entsprechen.

> (23) Entsteht ein dauernder Schaden, so sollst du geben Leben um Leben, Auge um Auge, Zahn um Zahn, Hand um Hand, Fuß um Fuß, Brandmal um Brandmal, Beule um Beule, Wunde um Wunde.
>
> 2. Mose 21

Manche Bibelkritiker führen dieses „Auge um Auge" als ein Beispiel für die Inhumanität der „heiligen" Schrift an. Nichts ist falscher als das. Bei den winzigen, oft allzu winzigen Schritten in Richtung einer menschlicheren Gesellschaft, die in der Hebräischen Bibel auch, wenn auch nur mit der Lupe, zu finden sind, war das Talionsgesetz gegenüber der Vorstellung einer Bestrafung über Generationen hinweg ein gewaltiger Fortschritt - mag er aus heutiger Sicht auch noch so gering erscheinen. Und dieses relativ fortschrittlichere Denken erfuhr im Deuteronomium, dem fünften Mosebuch, eine Präzisierung.

> (16) Die Väter sollen nicht für die Kinder noch die Kinder für die Väter sterben, sondern ein jeder soll für seine Sünden sterben.
>
> 5. Mose 24

Das musste einer der vielen Bibel-Schreiber unbedingt loswerden. Und so hat er es im fünften Mosebuch dort eingefügt, wo von verschiedenen „göttlichen" Gesetzen die Rede ist. In den beiden Versen davor geht es um die Frage, wann ein Tagelöhner seinen Lohn bekommen soll (vor Sonnenuntergang), und in dem Vers danach geht es darum, ob man das Kleid einer Witwe als Pfand nehmen darf (Darf man nicht.). Wie an vielen Bibelstellen hätte auch hier ein bisschen mehr gedankliche Ordnung gut getan. Jedenfalls impliziert das obige Zitat die Norm, dass Kinder generell nicht für Verfehlungen der Eltern verantwortlich gemacht werden können. Jede andere Annahme in Bezug auf diese Textstelle wäre selbst für die Bibel des Absurden zu viel.

Ist man sich erst einmal darüber einig, dass im Pentateuch und im Josua- und im Richter-Buch keine historischen Geschehnisse wiedergegeben werden, dann ist vor allem die Frage von Interesse, was für Ideologeme und Ideologien ihren Niederschlag in diesen Texten gefunden haben. Wenn das zweite Mosebuch als göttliche Worte rezitiert:

> (27) Ich will meinen Schrecken vor dir her (vor dem Volk Israel her - der Verf.) senden und alle Völker verzagt machen, wohin du kommst, und will geben, dass alle deine Feinde vor dir fliehen.
> (28) Ich will Angst und Schrecken vor dir her senden, die vor dir her vertreiben die Hiwiter, Kanaaniter und Hetiter.
>
> 2. Mose 23

- dann lodert hier in Wirklichkeit eine Herrschaftsideologie auf: Wo auch immer das Gottesvolk auftaucht, sollen alle anderen Völker verzagt sein.

Wenn weiterhin der oben dargestellte Dreierschritt in der Entwicklung von Recht und Moral,

- erste Stufe: Bestrafung auch von Kindern und auch von Enkeln und Urenkeln für das, was Eltern und Großeltern zu verantworten haben,

- zweite Stufe: Bestrafung nur desjenigen, der das Vergehen zu verantworten hat,

- dritte Stufe: insbesondere keine Bestrafung von Kindern für Verfehlungen der Eltern,

wenn dieser Dreierschritt im Hintergrund steht bei einem Rückblick auf den Weg des Gottesvolkes ins Gelobte Land und auf die blutüberschwemmten Stationen, wie sie im vierten und fünften Mosebuch und im Buch Josua dargestellt werden, so ist es angebracht, ein Resumee zu ziehen. Geht man auch und vor allem von den damals entwickelten Rechts- und Moralvorstellungen aus, wie sie in der Bibel zu erkennen sind, so bleibt als Schluss: In ihrem Kern ist die Bibel das Dokument einer durch und durch verbrecherischen Herrschaftsideologie. Und damit ergibt sich sogleich die Frage, was für ein Gottesbild die Bibel-Autoren ausgemalt haben.

Die Kinder sollen – nach angeblich göttlichem Gebot – nicht für die Sünden der Väter sterben. Wofür sind dann die Kinder im Südland der Kanaaniter (S. 115), die Kinder der beiden Amoriter-Völker des Königs Sihon (S. 118) und des Königs Og (S. 120) und die Kinder der Midianiter (S. 135) gestorben, an denen der Gottesknecht Mose den Bann vollstreckte? Und wofür verloren die Kinder der neun kanaanäischen (Stadt-)Königtümer ihr Leben, an denen Josua der Reihe nach den Bann vollstreckte - mit dem HERRN des Himmels an seiner Seite und dessen ausdrücklicher Zusicherung, niemals von der Seite des Heerführers zu weichen (S. 109)?

Den perversen Gewaltfantasien, die weite Teile der Bibeltexte tragen, kommt man näher, wenn man sich die hier wiedergegebenen Zitate etwas genauer ansieht und die einleitenden Hinweise zur Luther-Bibel hinzu zieht. In Bibel-Fassungen, die auf der Übersetzung Martin Luthers beruhen, wird regelmäßig das Wort Herr immer dann mit Großbuchstaben als HERR dargestellt, wenn im hebräischen Text das Wort Jahwe steht. Die in diesem Buch wiedergegebenen Zitate stammen also aus jahwistischen Texten (vgl. 5. Kapitel), die nur ab und an mit kurzen Schriftstücken aus anderen Traditionen ergänzt wurden und in denen das Wort „Gott" gebraucht wird.

Manche Religionswissenschaftler meinen, die israelitische Religion sei aus einem sogenannten Jahwe-Kult entstanden. Über dessen Ausgestaltung und Verortung auf der Sinai-Halbinsel ließen sich freilich nur Spekulationen anstellen. Alles was man sagen kann, ist, dass in den jahwistischen Textstücken extrem aggressive Ideologeme auszumachen sind.

Eine wie auch immer gestellte Frage nach Gott wäre also zunächst eine Frage nach Jahwe und danach, warum diese Sagenfigur Jahwe so unglaublich aggressiv wurde. Aber das ist ein anderes Thema.

Anmerkungen

Die in diesem Buch verwendeten Bibel-Zitate sind der Ausgabe entnommen, die in der Literatur-Auswahl aufgeführt ist. Nur an den Stellen, die offensichtlich sprachlich missglückt oder antiquiert sind, wurden geringe Korrekturen vorgenommen wie in den folgenden Beispielen:

S. 115 (4. Mose 21,3) Der Originalsatz der Luther-Übersetzung in der Fassung von 1912 lautet: „Wenn du dies Volk unter meine Hand gibst, so will ich ihre Städte verbannen." und wurde geändert in: „..., so will ich an ihren Städten den Bann vollstrecken." Auch sonst wurde generell in Übereinstimmung mit anderen Übersetzungen das Verb „verbannen" durch den Term „den Bann vollstrecken" ersetzt.

S. 134 (4. Mose 31,8) Im Original findet sich der Satz: „Bileam, den Sohn Beors, erwürgten sie auch mit dem Schwert." Da nirgendwo festgehalten ist, wie das praktisch vor sich gegangen sein soll, wurde das Verb „erwürgen" durch das Wort „töten" ersetzt.

S. 145 (4. Mose 31,41) In der Fassung von 1912 lautet der Vers: „Und Mose gab solche Hebe des HERRN dem Priester Eleasar, wie ihm der HERR geboten hatte." In neueren Übersetzungen steht für das Wort „Hebe" der Begriff „Opfergabe". Die Frage ist, was man darunter verstehen soll. Laut Calwer

Bibellexikon steht das Wort „Hebe", wenn „aus einem gewissen Sachvorrat ein Stück ab-gehoben und Jahwe, dem Kultpersonal oder Heiligtum geweiht wird. In diesem Sinne dient H(ebe) zur Bezeichnung für Zehnten, Erstlinge, Erstgeburten..." (Calwer Bibellexikon, hrsg. von Theodor Schlachter u. a., 4. Aufl., Stuttgart 1979 – Stichwort: Hebe). - Die in den Versen 37 bis 39 erwähnten Tiere - als Abgabe für den HERRN – waren sicherlich nicht zur Errichtung eines Streichelzoos gedacht. Das Aufteilungsschema für die Beute (Abgaben für die „Kriegsleute", für die Gemeinde, für die Leviten und für den HERRN) lässt nur den Schluss zu, dass die in den Versen 37 bis 39 erwähnten Tiere für den HERRN als Opfer geschlachtet werden sollten - genauso wie die in Vers 40 erwähnten 32 „Menschenseelen".

Literatur-Auswahl

Armstrong, Karen über Die Bibel, München 2008

Die Bibel oder die ganze Heilige Schrift des Alten und Neuen Testaments nach der deutschen Übersetzung D. Martin Luthers. Neu durchgesehene nach dem vom Deutschen Evangelischen Kirchenausschuss genehmigten Text, Karlsruhe 1934 (mit der Fassung der Übersetzung von 1912)

Calwer Bibellexikon, hrsg. von Theodor Schlachter u. a., 4. Aufl. Stuttgart 1979

Eissfeldt, Otto, Hexateuch-Synopse, Darmstadt 1962

Ellisen, Stanley A., Von Adam bis Maleachi, 2. Aufl. Dillenburg 1991

Friedman, Richard Elliot, Wer schrieb die Bibel? Köln 2007

Gerritzen, Christian (Hrg.), Lexikon der Bibel, Köln o.J.

Haag, Herbert, Biblisches Wörterbuch, Freiburg, Basel, Wien 1994/2011

Handbuch zur Bibel, hrsg. von David und Pat Alexander, 8. Aufl. Wuppertal 1995

Koch, Klaus, Was ist Formgeschichte? 3. Aufl. Neukirchen-Vluyn 1974

Kraus, Hans-Joachim, Geschichte der historisch-kritischen Erforschung des Alten Testaments, 3. Aufl. Neukirchen-Vluyn 1982

Lüdemann, Gerd, Das Unheilige in der Heiligen Schrift, Stuttgart 1996

Macoby, Hyam, Der Heilige Henker, Stuttgart 1999

Reclams Bibellexikon, Stuttgart 1978

Weiser, Artur, Einleitung in das Alte Testament, 6. Aufl. Göttingen 1962

Nachtrag

Die Evangelische Kirche in Deutschland (EKD) führt Mose auf einer Liste mit dem Titel: „Gottes tolle Typen". Moses gelehriger Schüler, Jünger und Nachfolger Josua, von dessen Seite der HERR so wenig weichen wollte, wie er von Moses Seite gewichen war (S. 109), ist auf dieser Liste der tollen Typen nicht verzeichnet. Er hatte es wohl nach Meinung der EKD zu toll getrieben.

  http://www.ekd.de/bibel/tolle_typen/mose.html
  (08. 11. 2014 – 22:10)

In Vorbereitung

Bernd M. Schlue

Wer war Jahwe?

Wie sich Männer einer kriegerischen Priesterkaste einen Gott nach ihrem Bilde schufen.

Die Bibel, meint der Autor, lässt sich, wenn überhaupt, nur am Rande sinnvoll mit dem Thema Religion in Verbindung bringen. Die Gewaltfantasien, die dieses Buch an so vielen Stellen prägen, lassen sich nur mit anderen Ansätzen erklären.

Weil man im frühen Palästina zu den Entstehungszeiten der Bibel-Texte - anders als etwa im griechischen Kulturkreis - noch nicht zwischen Naturerkenntnis, Politik und Religion unterscheiden konnte, wie es modernen Menschen geläufig ist, finden sich diese drei Sphären menschlichen Interesses auch in der Bibel wieder.

Schon bei einer oberflächlichen Lektüre ist auffallend, wie chaotisch die Texte angeordnet sind. Hier setzt der Autor ein und kommt zu einer überraschenden Erklärung.

www.moses-holocaust.de
www.wer-war-jahwe.de